ODŁÓŻ TĘ KSIĄŻKĘ I ZRÓB COŚ DOBREGO

ODŁÓŻ TĘ KSIĄŻKĘ I ZRÓB COŚ DOBREGO

s. Małgorzata Chmielewska

Błażej Strzelczyk
Piotr Żyłka

Wydawnictwo WAM

© Wydawnictwo WAM, 2017

Opieka redakcyjna: Olaf Pietek
Redakcja: Lidia Kośka
Korekta: Katarzyna Onderka
Projekt okładki: Bogna Hamryszczak
Ikony na okładce pochodzą ze strony www.freepik.com
Fotografia na okładce: Danuta Węgiel
Skład: Dawid Adrjanczyk

ISBN 978-83-277-1486-2

NIHIL OBSTAT
Przełożony Prowincji Polski Południowej
Towarzystwa Jezusowego,
ks. Jakub Kołacz SJ, prowincjał,
Kraków, dn. 19 września 2017 r., l.dz. 181/2017

WYDAWNICTWO WAM
ul. Kopernika 26 · 31-501 Kraków
tel. 12 62 93 200 · faks 12 42 95 003
e-mail: wam@wydawnictwowam.pl
www.wydawnictwowam.pl

DZIAŁ HANDLOWY
tel. 12 62 93 254-255 · faks 12 62 93 496
e-mail: handel@wydawnictwowam.pl

KSIĘGARNIA WYSYŁKOWA
tel. 12 62 93 260
www.wydawnictwowam.pl

Druk: DIMOGRAF · Bielsko-Biała

Publikację wydrukowano na papierze iBOOK White 70 g wol. 1.6
dostarczonym przez IGEPA Polska Sp. z o.o.

Spis treści

Wstęp 7

SPOSÓB NA DOBRE ŻYCIE
Modlitwa 13
Post 45
Jałmużna 75

SPOSÓB NA WSPÓLNOTĘ
Spotkanie 117
Pojednanie 133
Wspólnota 148
Pod prąd 158
Nadzieja 169
Dobro 181

Wstęp

Za każdym razem, gdy zawodowo albo prywatnie odwiedzamy któryś z Domów Wspólnoty Chleb Życia, wstępujemy do kaplicy. Mieści się zwykle gdzieś w środku domowej krzątaniny, między pokojami osób bezdomnych, gabinetami lekarskimi, gdzie przyjmuje się chorych, jadalnią itd. Z kaplicy Domu przy ul. Potrzebnej w Warszawie, w którym mieszka około osiemdziesięciu bezdomnych chorych, słychać przejeżdżające niedaleko pociągi. Przez okna kaplicy w Nagorzycach, gdzie z synem Arturem, uchodźcami i samotnymi kobietami mieszka siostra Małgorzata Chmielewska, widać górę Święty Krzyż, pola i kilka drzew.

Codziennie wieczorem, przed kolacją, do kaplicy wchodzi Siostra z Arturem, ksiądz, który z nimi mieszka, pozostali mieszkańcy. No i oba psy. W Nagorzycach wspólnota jest mała. Msza bez śpiewów, kazań, służby liturgicznej. Podczas modlitwy wiernych Siostra na głos wymienia wszystkie Domy wspólnoty, jej mieszkańców i kierowników domów. Prosi w modlitwie o pomoc. Modli się za darczyńców. Za wolontariuszy Zup w Polsce, tych w Krakowie, Rzeszowie, Sopocie, Poznaniu. Modli się za Artura, który słysząc swoje imię, podchodzi do „Gosi", uśmiecha się, przytula i mówi „Jam Cię, Gosia", co w jego języku znaczy: „Kocham Cię, Mamo". To jest Msza święta po cichu. Modlimy się za ofiary zamachów terrorystycznych i pogodowych kataklizmów. Uchodźców. Samotnych. Modlimy się, żeby ludzie mieli co jeść. Żeby nie byli chorzy. Żebyśmy wszyscy umieli się dzielić i „posunąć się na ławce życia".

Później jest przyjęcie komunii świętej. Artur na podniesienie wali mocno młotkiem w gong, dzwoni dzwonkami. Przyjmuje komunię. A jeszcze później, już po kolacji, jest wystawienie Najświętszego Sakramentu. Każdy może się zapisać na listę i odbyć prywatną adorację. Siostra zazwyczaj do kaplicy wchodzi ostatnia. Zdarzyło nam się parę razy, że weszliśmy tam razem z nią. Klęka. Kurczy się. Jakby zwijała się w kłębek. „Idź i spróbuj. Zawsze jest to spotkanie. Uciekamy przed samymi sobą, a przecież Chrystus w nas chce zamieszkać, więc dobrze jest zostawić Mu miejsce i pozwolić wejść. Trzeba dać mu czas, żeby mógł się z tobą spotkać" – mówiła nam w poprzedniej książce *Sposób na cholernie szczęśliwe życie*.

Za każdym razem, gdy próbujemy pytać Siostrę o to, co tak naprawdę dzieje się podczas modlitwy, słyszymy: „Idźcie i sprawdźcie sami". Zresztą zdanie: „Idźcie i zróbcie" – słyszymy od Siostry bardzo często. Przestańcie opowiadać, zastanawiać się, analizować, kalkulować. Nie przedstawiajcie wymówek, że nie macie czasu, że jesteście przepracowani i brak wam już sił. Idźcie i zróbcie. Bo za chwilę może być za późno. Róbcie, ale nie zapominajcie o tych trzech najważniejszych narzędziach przyzwoitego życia: modlitwie, poście i jałmużnie.

Na tym polega wzięcie Ewangelii na serio. Bez półśrodków i kalkulacji.

Błażej Strzelczyk i Piotr Żyłka

SPOSÓB NA DOBRE ŻYCIE

Modlitwa

Czy modlitwa *Ojcze nasz* jest najważniejsza?
Niestety rzadko zastanawiamy się nad sensem słów wypowiadanych podczas modlitwy. To dotyczy nie tylko tej fundamentalnej, *Ojcze nasz*, ale także innych, które odmawiamy już chyba tylko rutynowo, w trakcie mszy albo jako część pacierza. Gdybyśmy trochę pomyśleli i zaczęli naprawdę tym żyć, wystarczyłoby to za wszystkie studia teologiczne i może zaczęlibyśmy lepiej rozumieć Pana Boga.

Co takiego kryje się w modlitwie *Ojcze nasz*?
Weźmy na przykład przejmujące zdanie „Chleba naszego powszedniego daj nam dzisiaj". Co ono oznacza? Przede wszystkim, że brak środków do życia jest wielkim cierpieniem. Pamiętajcie, że to Jezus polecił nam modlić się tymi słowami, dlatego są

tak ważne. On mówi nam mniej więcej tak: módlcie się, żeby nikomu na świecie nie zabrakło chleba. Nikomu! Modlimy się „daj NAM", co nie znaczy, że tylko nam tu, w Polsce, albo nam w naszym Domu w Nagorzycach. Tylko całej wspólnocie ludzkiej. Każdemu, kto potrzebuje chleba.

Trzeba jednak uważać, by nie rozpatrywać Ewangelii wyrywkowo, skupiając się na słowach wyrwanych z kontekstu. Pan Jezus mówi też przecież: „Godzien jest robotnik zapłaty swojej". Robotnik! A nie próżniak.

Co to znaczy?
Delikatnie rzecz ujmując, czuję pewien rozdźwięk między słowami modlitw, które wypowiadamy, a praktyką życiową. Czasem w kościele modlimy się: „Boże, spraw, aby wszyscy bezdomni mieli dach nad głową, a wszyscy głodni byli najedzeni. Ciebie prosimy, wysłuchaj nas, Panie". Bardzo dobrze, że się tak modlimy. Ale jeśli potem wyjdziemy z kościoła i z pogardą miniemy żebraka, to zmarnowaliśmy

szansę, żeby tę modlitwę wprowadzić w życie. Jeśli w kościele modlimy się o to, żeby „głodni byli najedzeni", a później spotykamy żebraka, to jest on nam dany od Pana Boga. Postawiony na naszej drodze, dany po to, żebyśmy mogli wprowadzić naszą modlitwę w życie. Pamiętacie, jak Jezus rozmnożył chleb? Znacznie prościej byłoby, gdyby pstryknął palcami i nagle każdemu, kto tam z Nim był, pojawiłby się w dłoniach chleb. Ale nie! Jezus zatrudnił do tego apostołów. Oni musieli przynieść kosze. Albo kiedy Jezus przemienił wodę w wino na weselu. Słudzy musieli napełnić stągwie z wodą. Musieli coś zrobić. Musieli wykonać jakieś zadanie, żeby Jezus mógł zadziałać.

Bez naszego zaangażowania Jezus nie będzie mógł nic zrobić?
Jezus może wszystko. Ale chodzi o to, że on nas zaprasza do współpracy. Mówi do nas: zróbmy to razem. O to chodzi w tej mądrej zasadzie: „Módl się tak, jakby wszystko zależało od Boga, i działaj tak,

jakby wszystko zależało od ciebie" – dopiero spełnienie tych warunków może sprawić, że stanie się cud.

Tu jest punkt spotkania pomiędzy działalnością Bożej Opatrzności a trudem i zaangażowaniem tego, kto chce ten chleb dać. Jeśli nie ruszysz z miejsca, jeśli nie zakaszesz rękawów, jeśli się nie zaczniesz dzielić, to Pan Bóg ci rąk nie napełni.

Rozmawiałam kiedyś z pewną starą zakonnicą w Laskach, w zakładzie dla niewidomych. Kiedy mi dawała ostatni bochenek chleba z domu gościnnego dla moich gości, powiedziałam: Ale siostrze zabraknie na jutro. A ona mi na to, że jak się ma zaciśnięte pięści, to Pan Bóg nie ma jak czegoś do rąk włożyć. Jak ma się ręce otwarte, to Pan Bóg może je napełnić.

A słowo „dzisiaj" w modlitwie *Ojcze nasz* jest ważne?
Szalenie ważne! Dlatego, że my mamy tendencję do zabezpieczania sobie przyszłości. Pewna przypowieść ewangeliczna mówi o kimś, kto chciał sobie

zapewnić wszystko, a umarł jeszcze tej samej nocy. I nic mu z jego zapobiegliwości nie przyszło.

Mamy żyć z dnia na dzień?
Życie z Bogiem to jest życie chwilą obecną. Oczywiście nie zwalnia nas to z przewidywania skutków naszych czynów. Ale zwalnia nas z lęku przed przyszłością. Dziś, tu i teraz, mam się troszczyć o tu i teraz. Mając dzieci, muszę pewne rzeczy zaplanować, ale nie mogę żyć w lęku, że gdy pojawi się kolejne dziecko, to mi nie starczy. Pokładać nadzieję w Panu to znaczy wierzyć, że On jest tak silny, że na „dziś" nigdy nam nie zabraknie.

NASZE MAŁE EGOIZMY

Pięknie brzmi, ale trochę to oderwane od logiki świata. Musimy się zabezpieczać!
Macie, chłopcy, rację, ale zastanówcie się, czy rzeczywiście tak o tym myślicie, czy raczej tak myśli o tym nasza cywilizacja, a wy tylko to powtarzacie.

Co stara się wymusić na nas nasza cywilizacja?

Jeśli jesteś skupiony niemal wyłącznie na konsumowaniu, to cywilizacja podpowiada ci: „Bój się jutra", bo jutro możesz nie mieć czego konsumować i stracisz to, co masz. Żyjemy w histerycznym lęku. W naszym codziennym życiu możemy się na tym wielokrotnie złapać.

Podam przykład. Wczoraj, kiedy nagle się okazało, że do naszego Domu w Nagorzycach mają przyjechać kolejni goście z Syrii, lekko się podłamałam. Wiedziałam, że wy do mnie jedziecie, więc przygotowaliśmy wam pokój i spanie. A teraz jeszcze nagle spadają nam na głowę kolejni goście i nie mam gdzie ich położyć. Chwila histerii i paniki. I po chwili: „Ty głupia – myślę sobie – wystarczy, że oddasz swój pokój!". Wiecie co mam na myśli? To była refleksja starego chytrusa, który ze mnie wylazł: „Jak to! Ja mam oddać swój pokój, w którym chociaż na chwilę mogę złapać wytchnienie!?". Kocham was, więc od razu oprzytomniałam, mówiąc sobie: „Przecież zmieścimy się wszyscy, tylko ty, stara zakonnico, musisz się trochę posunąć".

W Nagorzycach zawsze jest przecież miejsce!

Otóż to! I jakby przyjechało jeszcze dziesięć osób, to byśmy się zmieścili. Chleba też nie zabraknie, chociaż to nie oznacza, że kasę mamy pełną. I kucharka też sobie da radę, bo jedna pani z naszych gości – pani z Syrii – właśnie postanowiła zrobić syryjski obiad. Czyli damy radę.

Ale to są takie nasze malutkie egoizmy, które odzywają się na co dzień. Lęk przed utratą czegoś. Nawet rzeczy zupełnie śmiesznych, do których jednak jesteśmy przywiązani.

Jak modlitwa pomaga w opanowaniu lęku przed jutrem?

Nasza wspólnota w Nagorzycach jest mała, ale jest właśnie wspólnotą. Modlimy się wspólnie. Ja szalenie lubię spotykać się z ludźmi na modlitwie. Jak mam okazję być gdzieś w kościele, to bardzo lubię odmówić z kimś różaniec. Bo szukam wspólnoty. Bycia z kimś. Więc w tym lęku przed jutrem modlitwa udowadnia: nie, wcale nie musicie się bać, bo nie jesteście sami. Jesteście we wspólnocie!

A co oznacza zdanie: „I odpuść nam nasze winy, jako i my odpuszczamy naszym winowajcom"?
Czyli dokładnie na tyle, na ile my odpuścimy, nam będzie odpuszczone. Na miarę naszej miłości, bo to jest jej sprawdzian. Tyle miłości potrafimy przeżyć czy potrafimy wchłonąć, ile sami jesteśmy w stanie dać, z Jego pomocą.

Natomiast „Bądź wola Twoja" – to jest niezwykle trudne, ale jednocześnie bardzo łatwe.

Ale czy wypowiadamy te słowa szczerze?
Ja wypowiadam je szczerze. Takie powierzenie się Bogu uwalnia od lęku. Jest trudne i łatwe. Trudne dlatego, że wtedy musimy uwolnić się od chęci całkowitego zapanowania nad światem i nad naszym własnym życiem. Uznać, że nie wszystko jesteśmy w stanie kontrolować, aczkolwiek to nie zwalnia nas z odpowiedzialności. I jednocześnie żyć miłością, bo wolą Boga jest miłość i miłosierdzie. Mówiąc „Bądź wola Twoja", wyznajemy, że chcemy żyć zgodnie z Jego wolą, czyli z miłością do Boga i do ludzi i z miłosierdziem.

Ten lęk chyba bierze się z obawy, że On nam coś zabierze, wpakuje...

... pod pociąg. Och, te nasze niepokoje. Ale nie. Wolą Chrystusa wyrażoną przez śmierć, wolą Boga wyrażoną przez przykazania – najpierw przez przykazania Boże, potem przez śmierć i zmartwychwstanie Jego Syna – jest, żeby na świecie panowała miłość. Wobec tego mówiąc „Bądź wola Twoja", decyduję się na to, że będę ją spełniać. Tak to rozumiem. Modlitwę *Ojcze nasz* bardzo często odmawiamy trochę jak mantrę – bez refleksji, że jeśli dzisiaj rano mówię „Ojcze nasz... bądź wola Twoja", to decyduję się, że jak mi spadnie na głowę dziesięciu jeszcze muzułmanów o godzinie dziesiątej w nocy, na przykład, to nie tylko odstąpię im łóżko, ale pojadę po kurczaka, bo nie jedzą wieprzowiny.

Co oczywiście, podkreślam, nie oznacza zgody na wszystko, co się przydarza. My mamy kierować naszym życiem – zgodnie z wolą Bożą.

SAMOTNOŚĆ BOGA

Mówi się często, że modlitwa jest spotkaniem z Bogiem. Co to w ogóle znaczy?
Właśnie to! Ja wiem, że dla was może to brzmieć niezbyt poważnie i nie dość inteligencko, ale modlitwa jest właśnie spotkaniem z Bogiem! A jeśli tak, to znaczy, że modlitwa – czyli spotkanie – nie może być tylko wielką imprezą w postaci wspólnego śpiewania, tańców itd. Dbajcie też o indywidualne spotkanie. To jest trochę jak w związku. Możemy urządzać przyjęcia rodzinne, ale jeżeli mąż z żoną nie spotykają się bezpośrednio w ich intymności, to nie ma mowy o prawdziwej relacji. Modlitwa przede wszystkim musi się zacząć od spotkania z Bogiem. Spotkania, czyli wspólnego bycia w jakiejś sytuacji.

Związek między dwojgiem ludzi nie istnieje, jeśli brak chwil intymności, ale nie da się też stworzyć związku bez SMS-ów, spacerów, wspólnych kolacji.

Oczywiście! Bez tego nie ma miłości. To samo jest z Bogiem. Kiedy przechodzę obok kaplicy, nie muszę wstępować tam na długie modły. Wystarczy „Dzień dobry", „cześć". „Jestem tutaj, a Ty tu jesteś". „OK". „Lecimy do roboty, oboje". „Ty robisz swoje, ja swoje". To jest szalenie ważne. Bo, wiecie, ja się boję, że Bóg jest potwornie samotny.

Samotny? Bóg?
Zobaczcie, ile kościołów jest pozamykanych. Ludzie, przechodząc obok, nie mogą wpaść i powiedzieć: „Cześć, oto jestem". To jest samotność Boga. W małżeństwie jest tak, że jak przychodzi chłop z roboty... niech to będzie lekarz... to żona wie, bo przecież ćwiczy to od czterdziestu lat, że on jest zmęczony, bo operacja trwała kilka godzin i wypruła z niego wszystko. Ona to wie doskonale. Oczywiście tak samo jest w drugą stronę. Gdy ona jest na przykład aktorką teatralną i wraca wykończona ze spektaklu. On wie, co trzeba powiedzieć, czego w tym czasie nie mówić. Niemniej, oboje potrzebują być wysłuchani.

Oboje jeszcze raz muszą to sobie opowiedzieć, pobyć razem w tym czasie.

I nagle mówią: już dobrze, chodź, połóżmy się, odpocznijmy razem.
Właśnie tak. Spokojnie, kochana, zrobię herbaty. Tak samo trzeba postępować z Bogiem. Poza tym w każdej opowieści chirurga jest coś nowego. Bo życie nie jest powtarzalne. I w każdej reakcji tej kobiety jest coś nowego. Jeśli jest miłość, nie ma rutyny. Na tym polega żywa relacja.

Siostra opowiada Bogu swój dzień?
Oczywiście, a nawet się z Nim kłócę.

Ale przecież On o wszystkim wie, to po co Mu to jeszcze opowiadać na modlitwie?
Żeby sobie pobyć razem. Ale czasami, jak mam dosyć, to Mu mówię: „No, chwila moment. To, to, to, tamto. I teraz, sorki, ale ja już więcej nie mogę, jestem bezradna. Wobec tego Twoja działka". A kiedy

już się tak wygadam, to wtedy słyszę kojące: „Już dobrze, ja wszystko wiem, połóż się, odpocznij". Na to potrzeba chwili ciszy.

Boimy się ciszy.
Bo nam się wydaje, że cisza jest pustką. To jest rys współczesnego społeczeństwa. W gruncie rzeczy pragniemy rozpaczliwie ciszy, bo żyjemy w ustawicznej kakofonii dźwięków i obrazów, a nasze życie wewnętrzne i nasza psychika, bo to jest jedno z drugim związane, jest po prostu rozrzuconą układanką, jest rozdzierającym krzykiem. Cisza na początku boli. Natomiast później staje się rozkoszą.

Co to znaczy, że cisza boli?
Wymaga od nas wysiłku. A my często nie lubimy wysiłku, dlatego gubimy się w ciszy. Adoracja Najświętszego Sakramentu w ciszy to jest spotkanie twarzą w twarz. Zwykle przez pierwsze pół godziny jest w nas kompletny chaos. I dobrze. Pan Jezus przecież nas zna. Doskonale wie, że właśnie nam ktoś

dopiekł, brakuje kartofli na obiad, Artur miał atak padaczki – On o tym doskonale wie, więc mówi: „Spoko, dobra. Posiedzimy tutaj, aż ci przejdzie". I dopiero po półgodzinie człowiek zaczyna być w stanie słuchać. Takie jest moje doświadczenie i wielu innych. Dlatego adoracja powinna trwać godzinę. Dopiero po dłuższym czasie można zacząć słuchać, to znaczy to wszystko z człowieka wychodzi i Chrystus przerzuca nas w inny świat, swój świat, który jest jednocześnie naszym światem realnym, i nam go porządkuje.

PAN JEZUS POŁAMANY

A gdzie najlepiej jest się modlić?
U dentysty. Serio. Jak siedzicie na fotelu, on grzebie wam w buziach, to warto sobie powiedzieć wtedy: „Panie Jezu Chryste, Synu Boga żywego, zmiłuj się nade mną grzesznikiem". Albo w poczekalni do tego dentysty. Albo gdy jedziecie w tramwaju, do pracy. Albo gdy idziecie do szkoły.

„Czy jecie, czy pijecie, czy cokolwiek innego czynicie, wszystko na chwałę Bożą czyńcie".

Otóż to. Święty Paweł ma zazwyczaj świetne intuicje. Na modlitwę trzeba oczywiście poświęcić chwilę czasu, bo – jak powtarza mój serdeczny przyjaciel, Szymon Hołownia – żeby nauczyć się modlić, po prostu trzeba się modlić. Nie ma innej drogi. Ale po drugie tradycja podsuwa nam akty strzeliste, których się dawniej uczyło w katechizmie, a które, jadąc tramwajem, można sobie przypomnieć. I strzelić taki akt w niebo.

Ale po co?

Takie westchnięcie do nieba w naszej codziennej krzątaninie uświadamia nam, że Pan Jezus jest z nami. Tu, w tym zatłoczonym tramwaju, gdzie obok śmierdzi mój bezdomny brat, jakaś pani rozmawia głośno przez komórkę i opowiada bzdury, a w ogóle to jest potworny upał i nic mi się nie chce. W tym momencie Pan Jezus też jest ze mną. I warto by Mu było powiedzieć: „OK, Panie Jezu, oto jestem. I Ty też jesteś".

Siostra nosi na rękach czotki.
Noszę. A w pasie przy habicie mam jeszcze różaniec. Obwieszona taka jestem.

Czym jest modlitwa Jezusowa, którą odmawia się „na czotkach"?
Jeżeli kogoś kochamy, to często wymieniamy jego imię. Byłam przy umierających. Bardzo często się zdarza, że ich ostatnim słowem jest imię najbliższej osoby. Kogoś kochanego, kogo chciałoby się zabrać ze sobą. Wołamy ludzi po imieniu. Imię jest naszą tożsamością. Na tym polega modlitwa Jezusowa. Jest powtarzaniem imienia Jezusa. Jest też wyznaniem wiary. Ona może mieć różne konfiguracje: „Panie Jezu, zmiłuj się". „Jezu Chryste". To wystarczy, żeby zacząć oddychać tą modlitwą. Oczywiście można ją stosować w bardzo różny sposób.

Nie da się nią pomodlić, nią się modli.
Tak. To jest modlitwa, która przenika. Dlatego nie może być jednorazowa. Musi być nieustanna.

Dla mnie ta modlitwa jest po prostu otwarciem drzwi Chrystusowi, żeby sobie we mnie mieszkał, i tyle.

A po co są czotki albo różaniec?
Kiedyś miałam taką przygodę w Warszawie, gdy studiowałam jeszcze i byłam piękna i młoda. Wsiadałam do autobusu numer 150 koło Uniwersytetu, a z niego wysiadał muzułmanin. Ja miałam w ręku różaniec a on *tasbih*, czyli ich sznur modlitewny. Tylko oni chyba mają krótsze...

... tak, trzydzieści trzy paciorki zazwyczaj.
W każdym razie uśmiechnęliśmy się do siebie serdecznie i, modląc się w swoich językach, poszliśmy w różne strony.

Potrzebujemy podczas modlitwy mieć coś pod palcami?
Tak, dlatego, że w modlitwie jesteśmy nie tylko duchowi, ale też fizyczni. Pamiętajcie, że mówi nam o tym wyraźnie także Pan Jezus. Gdyby dla Niego

cielesność nie miała większego znaczenia, to uzdrawiając niewidomego, nie splunąłby na ziemię, nie zrobiłby błota z piasku i swojej śliny i nie nałożyłby tego na oczy chorego. To oczywiście znaczyło, że ów niewidomy musiał przejść z błotem na oczach do sadzawki, żeby się obmyć. Został zaproszony przez Jezusa, żeby niejako „razem" dokonali cudu uzdrowienia. Zatem: tak, fizyczność jest w modlitwie ważna. Materialnym wyrazem naszej wiary jest również pomaganie bliźniemu i konkretna, czynna miłość, a nie tylko buźki z napisem „Kocham Cię". Ale potrzebujemy również różańca. Bo pomaga się skupić. Jesteśmy istotami psychofizycznymi. Potrzebujemy obrazów, potrzebujemy dotknięcia. Potrzebujemy relikwii.

W HOTELU Z MATKĄ BOSKĄ

W Domach Wspólnoty Chleb Życia jest wiele obrazów i świętych figur.
Ta figura Jezusa, która stoi za wami, jest akurat bardzo stara, pochodzi z Niemiec. Zdradzę wam w sekrecie,

tylko nikomu nie mówcie, że została skradziona z piwnicy pewnego niemieckiego klasztoru jezuitów. Piękna, prawda?

Piękna.
Pan Jezus jest ze szrotu i połamany, bo nie ma jednej ręki, więc akurat pasuje idealnie do Domów naszej wspólnoty.

Ale bywają też brzydkie wizerunki świętych.
Niestety. Jednak nawet kicz może nam uświadomić coś ważnego. Sorry, może w tej chwili będę wielkim obrazoburcą, ale opowiem wam o jednym z pierwszych moich zachwyceń Jezusem. Było to na ulicy w Warszawie, jeszcze w czasach komuny. Wtedy chyba w całym mieście były tylko dwa sklepy z dewocjonaliami. I w jednym z nich zobaczyłam obraz Chrystusa miłosiernego, który z punktu widzenia artystycznego – wybaczcie – jest kiczem. Ale ten był wyjątkowy. Pan Jezus miał na nim nieprawdopodobne oczy. I te oczy mnie poruszyły.

Czyli nie ma nic złego we wspieraniu się jakimiś wizerunkami, obrazkami?

Wręcz przeciwnie. Jesteśmy ludźmi, którzy potrzebują obrazów, dotyku, konkretu. Potrzebują wyrazić swoją miłość, robiąc herbatę, ścieląc łóżka. Jak również, między mężem a żoną, w bliskości bardzo intymnej, seksualnej – to przecież jest wyraz miłości, na Boga! Także w modlitwie nie uciekajmy od naszych ludzkich potrzeb. Nie chodzi o czczenie figur czy obrazów. One nam jednak o czymś przypominają, coś przedstawiają, dlatego są tak ważne. Ja w naszych Domach stawiam figury po prostu nagminnie. Aż nawet jeden z moich adoptowanych synów mi powiedział: „Postawiłaś na drodze do mojego domu Jezusa i teraz nie mogę nachlany do domu wejść, bo muszę spojrzeć na tę figurę". To ma sens, oczywiście bez przesady. Ze wszystkim można przesadzić, ale to ma sens, bo jest znakiem.

Oprócz obrazów i figur, w każdym Domu wspólnoty jest też kaplica.

Tak, to miejsce centralne.

Jezus, modląc się, odchodził w miejsce odosobnienia.
Dlatego, że każdy z nas potrzebuje zanurzyć się w coś sakralnego, co jest poza naszą codziennością. To jest szalenie ważne. Pamiętam niedawną wizytę na lotnisku w Brukseli. Tam są sale modlitewne dla muzułmanów, żydów i chrześcijan. Ta dla chrześcijan jest przeważnie pusta. Natomiast przez te przeznaczone dla muzułmanów i dla żydów sporo ludzi się przewija. Wszystkie sale mają wspólny przedsionek. Weszłam pomodlić się do chrześcijańskiej kaplicy, a wychodząc, spotkałam się z ortodoksyjnym żydem i trójką muzułmanów. Oni w swoich strojach, ja w habicie. I wszyscy, niemal jednym głosem, powiedzieliśmy w swoich językach: „Szalom", „Salam Alejkum" i „Szczęść Boże".

To lotniska. A powinniśmy mieć specjalne miejsce na modlitwę w swoich domach?
Wielu ludzi przyjeżdża do naszych Domów i nie mogą wyjść z podziwu, że my mieszkamy pod jednym dachem z Jezusem. Mówię im wtedy: Tabernakulum

wam w domu prywatnym nie załatwię, ale co stoi na przeszkodzie, żeby wygospodarować w waszych mieszkaniach przestrzeń, gdzie się modlicie?

Prywatne domowe kaplice?
No pewnie! Musimy mieć miejsce, które będzie trochę poza codziennością, do którego będziemy mogli wracać i z którego będziemy mogli wychodzić. Prawosławni wożą ze sobą ikony podróżne. Ja sama mam zresztą zestaw takich ikon. Zawsze wożę ze sobą ikonę. Jestem w hotelu, wystawiam ikonę na stolik i już – to jest dla mnie to miejsce spotkania. Budzę się rano i patrząc na nią, od razu mi wchodzi do głowy, kim jestem. Dzień dobry, Panie Jezu, dzień dobry, Matko Boża, oto widzicie – wylądowaliśmy razem w takim to hotelu.

(NIE)BÓJ SIĘ BOGA

Siostra mieszka na wsi, tu chyba ważna jest duchowość ludowa?

I świetnie się w niej odnajduję. Przede wszystkim dlatego, że jest praktyką wypracowaną przez całe pokolenia. Niestety, w Świętokrzyskiem, gdzie mieszkam, niewiele osób modli się przy kapliczkach, chociaż czasem się to zdarza. Za to, z tego co słyszałam, coraz bardziej popularne jest szukanie kapliczek w dużych miastach, takich jak Warszawa czy Kraków. Młodzi ludzie spotykają się przy nich w maju i śpiewają litanię. To jest kapitalny pomysł.

Dlaczego?
Bo dzięki temu zmienia się wizerunek miasta. Na wsi, kiedy ludzie idą w pole, często zatrzymują się przy kapliczce, prosząc o urodzaj. Kiedy kończą pracę, też podchodzą do figurki i dziękują za dobry dzień. Kapliczka przypomina o tym, co jest fundamentem wszystkiego. Tak samo może być w mieście. Już chodzi się po nim inaczej, wiedząc, że tu, w tej bramie jest piękna Matka Boska.

Ale pobożność ludową cechują na przykład takie deklaracje: „Jak trwoga, to do Boga".

I co w tym złego? Do kogo, na miłość boską, mamy iść z problemami, jeśli nie do Niego! On na nas czeka i wtedy, gdy mamy Mu coś dobrego do powiedzenia, i kiedy chcemy podzielić się problemami. Przecież On jest naszym Ojcem! Gdzieś czytałam o młodym człowieku, który szukał wskazówek, jak się modlić. Różni ludzie mu doradzali, ale nic z tego nie wychodziło. Aż w końcu któryś z pustelników miał mu powiedzieć: Idź do lasu i siedź. Do dzikiej puszczy. I on poszedł. Pierwszy dzień było bardzo fajnie, drugi dzień może też, ale trzeciego dnia rozpętała się potworna burza, a miejsce, gdzie siedział, otoczyły dzikie zwierzęta. I wtedy młodzieniec zaczął się trząść ze strachu i modlić intensywnie. Właśnie o to chodziło pustelnikowi. Jeśli w czasie trwogi ominiemy Pana Boga, to będzie Mu przykro. To znaczy – nie potraktowaliśmy Go jako przyjaciela. Ale czasem „dziękuję" powiedzieć też wypada, jak już sprawa zostanie załatwiona.

Kim w kontekście duchowości ludowej jest Matka Boża?

Matką Boga! Jedynym na świecie człowiekiem, który był, co wyczytałam u św. Maksymiliana Kolbe, w pełni przeniknięty Duchem Świętym. Ponieważ Maryja była bez grzechu pierworodnego, co zresztą jest logiczne w świetle wiary, że grzechem pierworodnym nie mogła być obciążona. Ona pokazywała i pokazuje, co to znaczy być wierną Panu Bogu i co to znaczy kochać. Była zwykłą młodą kobietą, która przeszła przez wszystko to, co przechodzą matki (na szczęście nie wszystkie matki muszą przeżywać śmierć własnego dziecka). Jest przede wszystkim obrazem i wzorcem pokory, miłości i zwykłego życia, cichości, wierności. Mam piękną ikonę, na której Maryja obejmuje Jezusa, który jest ułożony w trochę nienaturalnej pozycji. To przypomina pozycję dziecka kalekiego, niepełnosprawnego. Więc ona jest po prostu matką. Także moją matką, bo to zostało potwierdzone przez Pana Jezusa. W związku z tym ona doskonale rozumie wszystkie problemy, a także – ponieważ jest matką Pana Jezusa – ma większe u Niego chody niż ja.

Właśnie. Często można się spotkać ze sformułowaniem: skoro mogę modlić się do Boga, to po co mam...
Jeśli mogę się modlić do Pana Boga, to po co mi Maryja? To kwestia wiary, ale też kwestia miłości. Oczywiście Pan Bóg jest wszechmocny, Jego miłość jest wielka. Ale Pan Jezus pokazał nam w Kanie Galilejskiej, że dobrze, jak się ktoś wstawi. Czy On nie wiedział, że zabrakło wina? Przecież wiedział. Więc nie musiała Go Matka Boża za szatę ciągnąć, że zabrakło.

Matka Boża towarzyszy nam – podobnie jak Pan Jezus – we wszystkich naszych ludzkich problemach, które doskonale zna. Do spółki z Panem Jezusem, po prostu – można powiedzieć – większy nacisk.

Srogość ojca, podkreślana w pobożności pochodzącej jeszcze z czasów średniowiecza, nie pasuje do obrazu Boga, jaki dzisiaj przynajmniej ja mam. Ojciec nie jest srogi, miłość ma swoje prawa. Matka Boża została nam dana przez Pana Boga i przez Pana Jezusa jako ta, która jest blisko nas i która jest kobietą, wobec tego zna nas od strony macierzyńskiej. Natomiast jeśli zrobimy głupstwo, to ona tak samo nam – można powiedzieć – grozi palcem, jak jej Syn. Popełniając głupstwo czy grzech, ranimy jej Syna. Wcale nie jest jej to obojętne, bo ona jest tą dobrą mamusią. Nie. Matka Boża tak samo żyła w prawdzie, tak samo doświadczyła prawdy, cierpienia, miłości, ale i okrucieństwa.

Miłość macierzyńska nie polega na akceptowaniu zła w postępowaniu dziecka. Miłość macierzyńska, zresztą jak każda miłość, polega na wspieraniu dobra w dziecku, które się kocha. A Matce Bożej tym bardziej na tym zależy, bo zło uderza w jej Syna bezpośrednio. Pan Bóg też jest miłością, bo gdyby nie był miłością miłosierną, nie dałby nam swojego Syna i Matki Bożej.

I też nie powinien wzbudzać w nas lęku.
Absolutnie! Powinien wzbudzić w nas obawy przed wyrządzeniem Mu krzywdy.

To znaczy: nie grzeszę nie dlatego, że się Go boję…
… tylko dlatego, że spowodowałbym tym Jego cierpienie! Grzech może być poniżeniem albo mnie, albo drugiego człowieka.

Ta miłość jest wręcz paraliżująca, tak bardzo, że nie chcę jej nadwyrężać.

Dokładnie tak. Wyrządziłabym krzywdę Panu Jezusowi, niszcząc siebie lub drugiego człowieka, bo On w nas wszystkich żyje.

KONCERT ŻYCZEŃ

O co się Siostra modli najczęściej?
Nie uratujecie wszystkich głodnych. Nie pomożecie wszystkim ludziom bezdomnym. Natomiast siedząc przed Najświętszym Sakramentem, jesteście ich reprezentantami. Staram się reprezentować moich biedaków przed Panem Jezusem. Spróbujcie sami. Wiecie, co po chwili usłyszycie? „Już wiem! A teraz idź i zrób tylko tyle, ile możesz". Naszym zadaniem jest budować lepszy świat. Łatać go. Cerować. Do tego powołał nas Pan Bóg, bo nas kocha i kocha ten świat. Ale bez Niego tego nie zrobicie. Musicie robić to razem. Z Niego masz czerpać siły, zrobić to Jego metodami, nie swoimi, bo możesz bardzo pobłądzić. A te metody

możesz poznać wtedy, kiedy On będzie z tobą. I może cię czasem zadziwić, że zareagowałeś tak, a nie inaczej, zareagowałeś tak, jak w życiu byś nie przypuszczał. Dlatego, że On jest z tobą.

Modlitwa jest potężną siłą. Są rzeczy, na które my bezpośrednio nie możemy poradzić, wtedy trzeba się modlić. Ale wówczas zdawkowe „Panie, daj chleb wszystkim głodnym", jest nieważne, jeśli ja się nie wysilę osobiście i nie dam tym głodnym – nie wszystkim, tylko tym głodnym, którzy są obok mnie – jeść. Wtedy pokażesz, że naprawdę kochasz Boga i ludzi.

Święta Monika modliła się dwadzieścia parę lat o nawrócenie swojego syna Augustyna. Bywa, że modlimy się długo i nie od razu widać efekty. Bo Pan Bóg chce zobaczyć, czy nam naprawdę na czymś zależy. Pan Bóg ma swój czas. A po drugie, On lepiej wie, czy nawrócenie św. Augustyna miało nastąpić po roku, czy po dwudziestu paru latach. Co oczywiście wsparło wiarę i miłość św. Moniki, a jednocześnie moment był wtedy odpowiedni. Ale gdyby nie jej miłość i nie uporczywa modlitwa nocami na stopniach kościoła, to być może nie mielibyśmy jednego z największych świętych w Kościele.

Czyli o co chodzi w modlitwie?
O miłość! Chłopcy, o miłość! Modlitwa musi być poparta miłością. Trudno jest się modlić: Panie Boże, daj zdrówko mojej mamusi, jeśli zostawiam tę mamusię samą starą i chorą na drugim końcu Polski, bo Pan Bóg mnie w tyłek kopnie. Pan Bóg w takiej sytuacji odpowiada: Dam zdrówko, tylko najpierw pojedź i ty jej zapewnij opiekę, a Ja cię w tym wesprę.

A co zrobić, żeby modlitwa nie była koncertem życzeń?
Modlitwa może być koncertem życzeń. Tylko pytanie, czego sobie stryjenka życzy. To jest właśnie najważniejsze. Uważam, że zwrócenie się – już mówiliśmy chyba o tym – z prośbą do Pana Boga jest jednocześnie przyznaniem się do naszej słabości, do tego, że jesteśmy tylko ludźmi. Uznaniem Jego wielkości,

miłości, miłosierdzia, wszechmocy i pokazaniem, że jest nam potrzebny. Najbardziej boli człowieka, gdy czuje się nikomu niepotrzebny. Bólem Pana Boga jest to, że nie jest nikomu potrzebny. Usiłujemy sobie radzić sami i jakie są tego skutki, widzimy na co dzień. Gdybyśmy sobie tak radzili z Nim, to może wtedy ten świat byłby lepszy. Dlatego modlitwa może być koncertem życzeń, tylko jeszcze raz powtarzam: co stryjenka sobie życzy.

Żeby to nie było disco polo.
Właśnie.

A Siostra modli się o cuda?
Oczywiście. To, że żyjemy jako Wspólnota Chleb Życia i robimy to, co robimy, jest jednym wielkim cudem, lecz ja nie nazywam tego w ten sposób. Wiem, że pewne rzeczy są mało prawdopodobne, rzadko możliwe, ale niezwykle potrzebne. Jeśli chcesz je nazywać cudami – proszę bardzo. Cud jest niekoniecznie wtedy, gdy nad figurą Matki Bożej w moim ogrodzie

pojawi się aureola. Cuda zdarzają się także w życiu codziennym jako jego elementy – jako nieoczekiwane momenty spotkania, a czasem jako zdarzenia długotrwałe.

Post

Jak Siostra pości?
Odmawiam sobie lektury kryminałów (śmiech).

Boli?
Wcale nie jestem przekonana, że w poście chodzi o to, żeby bolało.

No to o co?
O miłość. Post to nie tylko odmawianie sobie jedzenia, żeby na przykład schudnąć albo tylko poćwiczyć swój charakter. Chociaż musicie wiedzieć, że życie – moje przynajmniej, ale także wielu ludzi oraz wielu członków naszej wspólnoty – niejako przymusza często do postu. To znaczy bywa tak, że nie mamy czasu zjeść. Albo jemy nie to, na co mamy ochotę, tylko to, co akurat jest, a co nie zawsze lubimy. Oczywiście, ja

nie namawiam do niejedzenia, natomiast bywa, że miłość wzywa nas do wyrzeczenia się jedzenia, kiedy trzeba coś załatwiać, komuś pomóc i nie ma czasu na obiad, albo trzeba komuś kupić jedzenie i nie ma czasu, żeby samemu zjeść. Dla mnie to jest post.

Post jest wyrzeczeniem?
Ważne, żeby to było świadome. Dlatego wspomniałam o kryminałach, które czytam wręcz nałogowo. Postem będzie odłożenie książki, na którą mam ochotę, zwłaszcza jeśli miłość wzywa mnie gdzie indziej, na przykład, żeby komuś pomóc.

No to o co chodzi w poście – powiedzmy jeszcze raz jasno.
Najważniejsze w poście jest to, że on staje się narzędziem do uporządkowania siebie i ułożenia właściwej hierarchii wartości. Krótko mówiąc: pość, czyli sprawdź, co ci to robi i czy potrafisz zrezygnować z wielu rzeczy godziwych, już nie mówiąc o niegodziwych oczywiście, bo z tych należy rezygnować zawsze, choć nie zawsze się nam to udaje.

Dlaczego mamy rezygnować?

Żeby poczuć smak miłości i trudu. Dlatego według mnie post w formie niejedzenia mięsa w piątek, który historycznie miał głęboki sens, w naszych realiach zupełnie go zatracił. Co to za post, jeśli na stół zamiast wołowiny wjeżdża drogi, wykwintny łosoś? To jasne, że i my we wspólnocie czasem dostaniemy łososia albo jakiś drogi ser – wtedy zjadamy szybko, bo zazwyczaj sklepy przekazują nam takie produkty, gdy kończy się termin ich przydatności do spożycia. Ale jeśli ktoś je w piątek łososia, który kosztuje tyle, ile kosztuje, a do tego dodaje się jeszcze trzy rodzaje francuskich serów, to ja bardzo przepraszam, ale z postem raczej nie mamy w tym wypadku do czynienia. Porównując ceny: kilogram mięsa można kupić za dziesięć złotych, natomiast kilogram sera kosztuje około dwudziestu. Dlatego trudno mówić o poście, kiedy przerzucamy się na rybki. Postem byłoby, gdybyśmy w piątek, jeśli chcemy pościć w jakiejś intencji, ograniczyli znacząco nasz posiłek. Nie do tego stopnia, żeby nie móc pracować, ale znacząco. A zaoszczędzone w ten sposób pieniądze przekazali na jakiś dobry cel lub pierwszemu spotkanemu na ulicy potrzebującemu. Wtedy to ma sens.

Czyli niejedzenie mięsa może być sprzeczne z ideą postu?
Żebym była dobrze zrozumiana: ja nie namawiam do jedzenia mięsa w piątek po to, żeby coś zademonstrować, żeby zbuntować się przeciwko przykazaniom kościelnym, to nie ma sensu. Natomiast jeśli zjem mięso, bo ono jest po prostu tańsze, a w piątek zrobię coś dobrego, czegoś się wyrzeknę, na przykład zamiast oglądania telewizji spędzę piętnaście minut na czytaniu Ewangelii albo pogadam z żoną i dziećmi, z którymi nie gadałem od dwóch lat – to ma to sens. Więc tu zjedzenie mięsa w piątek, jak każdy zresztą dobry czyn, ma podtekst.

Tak jak ze wspomaganiem ubogich: można komuś proszącemu rzucić chlebem w twarz i wtedy to nie jest dobry uczynek. Ale oczywiście samo zjedzenie mięsa w piątek – jak to powiem, wszyscy kościelni prawnicy skażą mnie od razu na stosik – w okolicznościach, w których nie mam pieniędzy na rybkę i akurat mam mięso pod ręką, a na dojazd do sklepu po ser straciłabym godzinę, albo mam dziecko i nie mogę wyjść z domu, otóż uważam, że w takich okolicznościach zjedzenie mięsa w piątek nie będzie grzechem. Pan Jezus mówi, że nie to, co wchodzi w człowieka, czyni go nieczystym, tylko to, co z człowieka wychodzi. Post jest pewnym rodzajem ograniczenia siebie, ale z miłości.

Ojcowie Kościoła mówili, że w poście nie chodzi o to, żeby odkładać jedzenie, którego nie zjemy, tylko właśnie żeby się nim podzielić.
Oczywiście, post jest zawsze związany z miłością. Post ma służyć temu, żebyśmy skierowali nasze życie na Pana Boga, a Bóg jest miłością, więc post jest ściśle związany z dzieleniem się. Nie możemy pościć tylko po to, żeby się samemu doskonalić. Możemy pościć, wyrzekać się czegoś, ale w imię miłości.

Post jest walką z pożądliwością?

Oczywiście. Panowanie nad pożądliwościami prowadzi do świętości, do tego, że pozwalamy Panu Bogu całkowicie być z nami. Post ma nam przypomnieć o tym, że mamy panować nad naszymi pożądliwościami. Dla jednego pokusą będzie jedzenie, dla drugiego telewizja, książka, leniuchowanie. Post musi się zawsze wiązać z wysiłkiem. Żeby na przykład zadzwonić do swojej starej matki, usłyszeć to, co słyszymy od stu lat, co być może nas już nudzi, natomiast jej sprawi przyjemność opowiedzenie nam tego. Ale to musi się odbyć ze świadomością, że robię to z miłości do Ciebie, Panie Jezu, choć mi się potwornie nie chce.

Coraz popularniejsze są teraz różnego rodzaju diety. Jak one się mają do postu?

Problem polega na tym, że w dzisiejszym świecie usiłujemy żyć wiecznie, a przynajmniej długo i świetnie przy tym wyglądać. Świat podsuwa nam w związku z tym recepty na absolutne zdrowie duszy i ciała – w postaci najrozmaitszych diet, które nie mają zupełnie nic wspólnego z postem. Czasami pękam ze śmiechu, gdy przyjeżdżają do nas młodzi ludzie i mówią, że są wegetarianami i chcą służyć ubogim. Zrównoważona dieta wegetariańska, której nie ośmieszam, każdy jest wolny, kosztuje dużo więcej niż normalne jedzenie. Na taką dietę nas w naszych Domach nie stać. Co więcej, wielu biedaków jest niejako zmuszonych do pewnego rodzaju diety wegetariańskiej, bo na inną nie mogą sobie pozwolić. Jedzą chleb z margaryną albo kartofle z cebulą i tyle.

Powinniśmy być solidarni z ludźmi ubogimi i pielęgnować nasze własne ubóstwo. Bo to jest związane również z naszym ubóstwem wewnętrznym, co nie oznacza z nędzą, tylko właśnie z dobrowolnym ubóstwem, czyli z dążeniem do tego, żeby korzystać z dóbr tego świata w sposób umiarkowany, a nawet zrezygnować z korzystania z pewnych dóbr w imię miłości do Pana Boga wyrażanej wobec drugiego człowieka. Dlatego dieta w żadnym wypadku nie jest postem. A w dobrym jedzeniu nie chodzi wcale o wyszukane potrawy, tylko o szukanie takich miejsc, w których będziemy mogli jeść wspólnie.

DOBRZE JEŚĆ Z KIMŚ

Jacques Derrida pisał, że „dobrze jeść" to znaczy „jeść z kimś" i dzielić się.
Właśnie. Istotą naszej kultury chrześcijańskiej, ale również kultury wschodniej, jest to, że posiłek jest, przynajmniej raz dziennie – okazją do spotkania. Nie służy tylko zaspokojeniu biologicznego głodu. Dlatego ważną rzeczą jest, aby był podawany w miarę możliwości z miłością, przygotowany z miłością, choć może być bardzo skromny. Z tego powodu posiłki przy okazji świąt robimy bardziej uroczyste, ozdabiamy stoły, co ma bardzo głęboki sens. Sam w sobie post jest bez sensu, jeśli nie każe nam się ograniczyć po to, żebyśmy byli do dyspozycji drugiego człowieka. W jakikolwiek sposób, czy to dzieląc się tym, co zaoszczędziliśmy, czy poświęcając mu swój czas. Każdy ma pole wyboru, bo każdy wie, co u niego jest nieuporządkowane. Post

ma nas uporządkować. Nie jest celem samym w sobie. Nie chodzi o to, byśmy nie jedli, byśmy różnych rzeczy nie robili. On ma pomóc nam uporządkować bałagan, który stale do nas powraca.

Ale bywa też, że post…
Doprowadza do szału, co?

Tak, "nie palę w Wielki Post, już od pięciu dni, i tak mnie nosi, że nawet do mnie nie podchodźcie".
Jeśli post sprawia, że siedzimy ponurzy albo chowamy się po kątach, to znaczy, że jesteśmy wewnętrznie nieuporządkowani. Miałam w ośrodku człowieka, który tak właśnie co piątek pościł, co było wprost nie do zniesienia, a trwało do dwunastej w nocy. Lecz gdy o 24.05 zaczynał jeść, robił się całkiem normalnym człowiekiem.

Każdemu zdarza się, że post go rozdrażnia.
Zależy, o jakim poście mówicie. Jeżeli wiesz dobrze, że nie możesz wytrzymać bez jedzenia, bo ciężko

pracujesz, to po prostu zamień brak jedzenia na inny brak. Na przykład nie używaj cały dzień telefonu i nie przeglądaj non stop Facebooka. Nie narzucaj sobie takich ograniczeń, o których wiesz, że cię przekraczają, że im nie sprostasz, bo tego od nas Pan Bóg nie wymaga. Jeśli powstrzymam się od jedzenia i będę chodzić wściekła cały dzień albo walnę się do łóżka, bo nie mogę pracować – nie ma to sensu. Post ma nas uporządkować, a nie być udowodnieniem sobie, że potrafię.

Podkreślmy jeszcze raz, że w poście nie chodzi tylko o niejedzenie mięsa.
Musimy przede wszystkim zrozumieć, na co post ma nas nakierować. Otóż na Pana Boga, na to, że On jest. Zamiast surfować na Facebooku czy w internecie, zamiast czytać najświeższe newsy czy oglądać modelki albo wchłaniać bzdury, które ci robią wodę z mózgu, poświęć chwilę na to, by w tym samym Internecie znaleźć coś, co rzeczywiście poszerzy ci horyzonty i zmusi do refleksji.

Żyjemy w cywilizacji, która przed wysiłkiem broni się jak przed ogniem. Żyjemy w obrazkowej cywilizacji głupot, szybkich newsów pozbawionych jakiejkolwiek głębi. Odrzucenie tego także może być postem. On ma oczyścić nasze oczy, nasze ręce, nasz język. Być może powstrzymamy się od agresywnych słów czy myśli wobec ludzi, z którymi się nie zgadzamy. To jest post.

Szymon Hołownia opowiada, że gdy coś go zdenerwuje, to zanim zareaguje, stara się poczekać czterdzieści osiem godzin.
I mówię wam, jeśli czegoś od razu nie skomentujecie na Facebooku, to wcale świat się nie zawali. Świat będzie trwał, nawet jeśli nie będziecie ciągle on-line. Dlatego post może polegać także na tym, że ktoś wybiera milczenie, zamiast plotkować przy piwie. Dzisiaj jest piątek i dziś przy piwie nie plotkuję. Samo plotkowanie niekoniecznie jest złe, może być bardzo miłe, natomiast dziś jest piątek, więc dziś tego nie robię. Dziś tego nie robię, dlatego że chcę siebie uporządkować. Poświęcę ten czas na ciszę. Albo

zrezygnuję – tak jak Szymon – z natychmiastowej odpowiedzi, zapanuję nad emocjami, które wzbudza we mnie kolejna głupia wypowiedź w Internecie, i znajdę coś, nawet w tymże Internecie, co będzie wymagało ode mnie pewnego wysiłku – przeczytania mądrego artykułu czy komentarza do Ewangelii.

Czy post jest szukaniem jakiegoś braku w nas?
Powtarzam: chodzi o to, żeby uporządkować swoje życie. Chodzi o to, żebyśmy sobie uświadomili, że nie możemy mieć wszystkiego. Od tego należy zacząć i to jest bardzo bolesne dla ludzi żyjących w dzisiejszym świecie, gdzie wszystkim się wydaje, że powinni mieć wszystko natychmiast. Chodzi o to, żebyśmy zwrócili nasze oczy ku Panu Bogu, swoje dusze, swoje ciało w jakikolwiek by to się odbyło sposób. Chodzi o to, byśmy zastanowili się, czy nie jesteśmy rozrywani różnymi większymi i mniejszymi pokusami i pożądliwościami, którym się poddajemy i które wprowadzają w nas bałagan. Może to być obżarstwo dla kogoś, kto zbyt dużo je albo przykłada za dużą wagę

do jedzenia i poświęca osiem godzin, żeby sobie przygotować dobry obiadek. A z tych ośmiu godzin siedem można poświęcić na dobre uczynki, a godzinę na gotowanie prostego obiadu. Może to być oglądanie głupich filmów czy nawet czytanie kryminałów, bo mamy tendencję do przylepiania się jak taśma klejąca do wszystkiego, co jest wokół nas i co nas rozprasza.

NIE PRZYLEPIAJ SIĘ DO RZECZY

Post będzie więc odklejaniem się od tego, co nas do siebie przyciąga?
Tak. Bywa, że jesteśmy jak lep, który skleja się z różnymi, często niepotrzebnymi rzeczami. Nowy telewizor, smaczny obiadek, drogi alkohol. Post może spowodować, że się od tego odkleimy i zostaniemy na chwilę sam na sam. Ze sobą. I przede wszystkim sam na sam z Bogiem, bez tych wszystkich lepkich gadżetów.

Ojcowie Kościoła mówią, że post jest jedną ze skuteczniejszych metod nie tylko porządkowania siebie, ale także walki z ciągnącymi się za nami grzechami, a wręcz z bałwochwalstwem, gdy przywiązujemy się do czegoś tak bardzo, że staje się dla nas stokroć ważniejsze od Pana Boga.

Każdy z nas uwielbia to czy tamto, co samo w sobie nie jest naganne, ale można przekroczyć w tym miarę. Dlatego w ramach postu zrezygnujmy z tego na chwilę. I co się okaże? Nabieramy dystansu i zaczynamy porządkować nasze życie, ale w imię czegoś. W imię tego, żeby czynić to z Panem Bogiem. W naszym świecie jest wiele dobrych rzeczy, tylko my w sposób zachłanny, nieuporządkowany z nich korzystamy.

Ale w poście chodzi również o to, żeby sobie czegoś odmówić.

Niekoniecznie odmówić. Możesz zamienić to na coś innego, co jest miłością. Post ma nas prowadzić do wolności, to najważniejsze. Taki jest sens postu – chodzi o wolność. Postem może być oddanie czegoś, co bardzo lubię, ale niekoniecznie mi to służy lub tego właściwie nie używam, człowiekowi, który się przede mną pojawił i akurat tego potrzebuje.

Odmówiłem sobie tego i spostrzegam, że mogę sobie bez tego poradzić.
Otóż to. Okazało się, że jestem wolny od przywiązania. Rzecz, którą oddałem, nie była zła. Ona była dobra, ale jestem wolny od przywiązania. Tak naprawdę post prowadzi nas ku wieczności, ma nam uświadamiać, że jesteśmy istotami śmiertelnymi i nie zabierzemy do grobu ani żarcia, ani żadnych dóbr, Facebooka, komórek. A my ciągle mamy skłonność do tego, żeby budować tu na ziemi wieczne gniazdko. Post ma nas uwalniać od tego, co nie oznacza, że ma nam to zabrać na zawsze, lecz że ma uporządkować nasz stosunek do rzeczy, do siebie samego i do świata. Post bowiem zawsze jest związany z jakimiś rzeczami materialnymi, bardziej lub mniej materialnymi, począwszy od jedzenia, a skończywszy na książkach.

Jest więc trochę treningiem charakteru.
Oczywiście. Myślę, że praca nad własnym charakterem – niezwykle niepopularna obecnie, bo łatwiej jest klaskać i tańczyć przed Panem Bogiem, a trudniej

jest popracować nad sobą – generalnie zakłada post, powstrzymanie się. Nie reaguję natychmiast, nie daję w mordę od razu komuś, tylko uświadamiam sobie, że jestem człowiekiem Ewangelii, wobec tego siądę, pomyślę, pomodlę się i dopiero wtedy zareaguję albo nie.

Biskup Grzegorz Ryś podkreśla, że głód spowodowany postem, czy to jest głód jedzenia, czy głód rzeczy materialnych, ma w nas wzbudzić dwa inne głody: głód Boga i głód miłości.
Oczywiście. Ma wzbudzić w nas tęsknotę za Bogiem. Gdy jesteśmy poprzylepiani do najrozmaitszych gadżetów w szerokim tego słowa znaczeniu, gadżetów życia, po prostu nie odczuwamy potrzeby Pana Boga i stajemy się coraz bardziej nieszczęśliwi. Ponieważ te wszystkie gadżety nie są w stanie zaspokoić naszego pragnienia miłości. Bóg stworzył nas przecież z miłości i do miłości, tylko miłość jest w stanie zaspokoić nasz głód i niepokój. Dlatego post ma za zadanie nas wyzwolić, uwolnić, odlepić te wszystkie skocze,

które się non stop przylepiają do nas nawet w ostatniej chwili naszego życia, gdy wydajemy ostatnie tchnienie.

A mieszkańcy Domów Wspólnoty Chleb Życia albo bezdomni uczą Siostrę lub mogą nauczyć postu, bo niczego nie posiadają?
Oczywiście, że tak. Staram się, staramy się w naszych Domach, by nasze życie było skromne na tyle, żebyśmy nie mieli wyrzutów sumienia, że jemy ponad stan, a inni tego nie mają. Co nie oznacza, że głodujemy, bo obowiązkiem naszym jest jeść, i to jeść zdrowo, w miarę możliwości i na ile pozwalają nam środki. Cały czas powtarzam, kiedy mieszkańcy naszych placówek kapryszą przy obiedzie, co się zdarza nierzadko, i to przy naprawdę dobrym obiedzie, że parę domów dalej ludzie tak nie jedzą. Parafrazując św. Pawła: umiem biedę cierpieć, umiem i obfitować. Umiem, jeśli taka jest konieczność, zjeść w luksusowej restauracji, ale też zjeść kromkę chleba w domu biedaka. Post nas uwalnia.

NIE NOŚ ZŁOTYCH ZĘBÓW

Czyli w poście chodzi też o pewien rodzaj wycofania się ze świata konsumpcji?

Chodzi o to, żeby być wolnym w tym świecie. Chodzi o to, żeby zapanować nad własną pożądliwością. Przykładowo, miałam już kilka propozycji nie do odrzucenia, że ktoś mi kupi iPhone'a. Nawet kiedyś Szymon Hołownia dał mi iPhone'a, którym rzuciłam o ścianę, bo ja sobie z tym skomplikowanym oprogramowaniem zwyczajnie nie radzę. No ale przecież musimy używać telefonów komórkowych. Jeśli przesadzę ze swoim rygoryzmem i uznam, że telefon mnie ogranicza, więc nie będę go używała, to bezdomny się do mnie nie dodzwoni i zamarznie na ulicy. Z drugiej strony trzeba pamiętać, że podczas produkcji smartfonów wykorzystuje się niewolniczą pracę ludzi. Dlatego nie muszę telefonu wymieniać co roku. Wtedy przyczynię się do zmian globalnie, ale też będę czuła, że nie potrzebuję mieć wszystkiego z najnowszej, limitowanej serii.

Czyli można przesadzić z rygoryzmem, tak? Brat Albert powiedział, że bracia i siostry nie mogą nosić złotych zębów, bo to nie przystoi ich pracy.

Brat Albert był bardzo zasadniczy. Jego radykalizm jest dla nas drogowskazem. Nie chodzi jednak o to, żebyśmy teraz nagle wszyscy zaczęli żyć tak, jak albertyni, lecz żebyśmy widzieli w perspektywie cel naszych radykalnych wyborów. Skromne życie wcale nie oznacza, że biedak musi mieć wszystko za pięć złotych, dlatego że łączny koszt wielu tanich rzeczy często jest wielokrotnie większy niż jednej porządnej. Takie tanie kupowanie to nie jest post, tylko głupota. Jeśli mam kupić jakiś sprzęt gospodarstwa domowego, który jest dwieście złotych tańszy, ale się rozsypie po paru miesiącach, wolę kupić droższy i wiedzieć, że się tak prędko nie zepsuje.

Ale to już kwestia ekonomii i przeliczania, natomiast w osobistym życiu, ale też w życiu wspólnotowym trzeba dbać o pewien umiar, o unikanie skrajności. Znam ludzi tak zwanych nawiedzonych, w niezbyt dobrym sensie tego słowa, rezygnujących z pewnych udogodnień, które mogłyby nie tylko ułatwić życie im, ale też być narzędziami do czynienia dobra. Znam na przykład pewnego zakonnika, który robi naprawdę wspaniałe rzeczy, ale za jasnego gwinta nie można się z nim skontaktować, bo z powodu ubóstwa nie ma komórki. Kiedyś potrzebowałam dla kogoś pomocy duchowej, to go szukałam chyba z tydzień, a sprawa była pilna i wiedziałam, że on naprawdę temu człowiekowi może pomóc. Tu wszystko trzeba rozważyć. Bo gdyby miał telefon, nie byłoby takiego zamieszania.

Czyli post nie jest dla Boga, tylko dla nas?
Post nie jest prezentem dla Pana Boga, Bóg nie potrzebuje naszego głodnego brzucha jako prezentu. Post ma pozwolić Panu Bogu w nas zamieszkać. Jeśli jesteśmy napełnieni gadżetami tego świata, to nie ma miejsca dla Pana Boga. Krótko mówiąc, musimy Mu zrobić miejsce. Żeby przyjąć gości, trzeba wysprzątać mieszkanie i porozsuwać meble.

Czy post jest zachętą do życia ubogiego, do życia w ascezie?

Życie ubogie może być różnorakie. Czy ono jest ascezą? W pewnym sensie tak. Asceza sama dla siebie może prowadzić do tego, że człowiek staje się nienawistnikiem i jest skoncentrowany na sobie. Ubóstwo, życie ubogie z wyboru, a tym samym i post, powinien nas prowadzić do uwolnienia, ku Bogu i drugiemu człowiekowi. Wolność do kogoś, wolność od siebie, od skoncentrowania na sobie i własnych przyjemnościach. Każda chrześcijańska asceza do tego prowadzi. Wyrzekam się czegoś nie dlatego, że to jest samo w sobie złe, tylko dlatego, że chcę być wolny.

Ubóstwo kojarzymy często z życiem zakonników. A jak realizować powołanie do ubóstwa w naszym codziennym życiu?
Może ono polegać przede wszystkim na skromności i uważności. To nie oznacza na przykład niekorzystania z wczasów, ale jeśli mam do wyboru wczasy za granicą i odpoczynek w Polsce, wybiorę po prostu to, co jest skromniejsze. Umiar i poszukiwanie we wszystkim dobra jest z gruntu aktywnością ewangeliczną.

Jeśli mogę bez większej szkody zrezygnować z czegoś dla dobra innych, to robię to. Nie muszę poświęcić życia na budowę swojego luksusowego gniazdka, wystarczy mi skromne mieszkanie, zaś pieniądze, a być może i czas, przeznaczę na polepszenie życia innych. Nie muszę kupować towarów luksusowych – nie mówię o dobrych, bo jeśli mnie stać, to kupuję solidne, natomiast nie muszę kupować luksusowych, mogę zrezygnować z tego czy innego w imię Chrystusa, wiedząc o tym, że wielu ludzi na takie rzeczy nie może sobie pozwolić. Chcę być w solidarności z ubogimi. To również mnie uwalnia. Kierując oczy ku innym, cierpiącym i ubogim, uwalniam się od siebie.

WYCOFAJ SIĘ

Papież Franciszek w encyklice *Laudato si* pisze, że żyjąc uważniej, dbamy też o ziemię i ludzkość.
Oczywiście. My jesteśmy jedynie dzierżawcami tego świata i tej ziemi, a nasza pożądliwość i zachłanność, a często także okrucieństwo, dewastują świat.

Dewastują innych ludzi, którzy są wykorzystywani do spełniania naszych zachcianek, otrzymują tragicznie niskie płace. Tak się dzieje nie tylko na drugim końcu świata, ale również w Polsce. Dewastacja dotyczy całej przyrody i zasobów, jakimi dysponujemy.

Jak już mówiłam, nie propaguję nędzy, nie chodzi o to, by nie mieć butów, spodni, środków czystości, lecz żeby zdać sobie sprawę, że możemy kupować perfumy luksusowej marki albo dużo tańsze. Chodzi o to, żebyśmy byli wolni, by o naszej wartości jako ludzi, o naszym poczuciu własnej wartości nie decydowały rzeczy materialne. Tak usiłuje nas definiować cywilizacja konsumpcyjna, stale nas czymś kusząc. Te wszystkie gadżety, które mają podnieść naszą samoocenę i pokazać, kim jesteśmy... Chrześcijanin w ogóle nie powinien na to patrzeć, chrześcijanin powinien patrzeć, jaka jest wola Pana Jezusa.

Kiedy wychowywaliśmy dzieci w naszej wspólnocie, to nigdy nie wyjeżdżaliśmy z nimi sami na wakacje, tylko się robiło wielką imprezę także dla dzieci z okolicznych wiosek. Nawet do Francji pojechaliśmy autokarem z pięćdziesięcioma osobami, wybrawszy tylko dzieci ubogie. Cała reszta wsi, która pogardzała tymi ubogimi, stała i patrzyła z zazdrością, jak luksusowy autokar podjechał i pozabierał tych biedaków. Nasze dzieci nigdy nie były wychowywane tak, by myślały, że coś jest tylko dla nich, ale zawsze gdy się coś robiło, to również dla innych dzieci.

Można by tutaj zatoczyć koło, bo to, co mówimy o odpowiedzialności bardziej globalnej, papież Franciszek tak podsumowuje: zdewastowanie, czy na poziomie ekonomicznym, czy na poziomie natury albo klimatu, tak naprawdę bierze się z tego, że my, ludzie, jesteśmy zdewastowani na poziomie moralnym i duchowym.
Gdybyśmy wszyscy, naprawdę wszyscy żyli Ewangelią, to świat byłby już rajem. Nasza pożądliwość i zaborczość, żądza władzy, pycha żywota polegają na tym, że uważamy siebie za panów tego świata, za panów innych ludzi, panów przyrody, wszechświata nawet, a nie za sługi i dzierżawców. W jakimś sensie jest to odrzucenie Boga jako Pana wszechświata. Zarówno

na poziomie relacji międzyludzkich, również ekonomicznych, kiedy silniejsi wykorzystują słabszych, jak i na poziomie natury, gdzie silniejsi zagarniają dobra naturalne, wykorzystując słabszych, chociażby w kopalniach złota w Afryce czy do pracy właściwie niewolniczej w fabrykach w Azji. Ale również w Polsce.

Często post, tak jak przykazania, ma dla nas wydźwięk negatywny. Coś trzeba zrobić, a coś jest zakazane. Z tego, o czym rozmawiamy, wynika jednak, że post daje nam ukojenie, a nie prowadzi do frustracji.

Jeśli zaczniemy żyć w harmonii i dostrzegać w poście ukojenie, zyskamy właściwą perspektywę. To „przylepianie się", o którym mówiłam, zbytnia troska o ciało (zbytnia, bo o ciało mamy obowiązek się troszczyć), zbytnie przywiązanie do dóbr materialnych wprowadza w nas dysharmonię. Czego pragniemy najbardziej? Pokoju serca, wolności wewnętrznej, którą można mieć, nawet przebywając w więzieniu, co się przydarzało choćby św. Maksymilianowi Kolbe. To był człowiek wolny, który w wolności oddał życie, ale pamiętajmy, że przez wszystkie wcześniejsze lata pracował, żeby dojść do tego momentu.

Post ma nas nakierować w życiu na to, co najważniejsze i za czym tak naprawdę tęsknimy. Ma nas uporządkować. Cały czas to powtarzam. Na skutek grzechu jest w nas bajzel, bałagan i sami na tym cierpimy. Post ma nam pomóc zaprowadzić w nas pokój, czyli pomóc nam nawiązać relacje z Panem Bogiem i ze światem, nie odrzucać tego świata, bo on jest dobry, tylko nawiązać uporządkowane relacje z nim.

Post ma cię nauczyć, że szczęścia nie da ci to żarcie, ono może ci dać chwilową przyjemność. Przyjemność sama w sobie może być absolutnie godziwa, bo przecież Pan Bóg nie zakazuje nam przyjemności, tylko chce, żebyśmy umieli z niej korzystać w sposób właściwy. Święta Teresa z Ávili tańczyła przed tabernakulum, co jej niewątpliwie sprawiało przyjemność, ale tańczyła z radości, że jest kochana przez Boga, i że Bóg jest. Post ma nas uporządkować nie na zasadzie zakazu, tylko na zasadzie skierowania nas ku temu, co jest naprawdę dobre. Ma nas uwolnić. Nam się wydaje, że my w demokratycznym kraju jesteśmy wolni, a to absolutna nieprawda, bo każdy z nas jest w ten czy inny sposób zniewolony przez różne zachcianki. Przede wszystkim post ma nam uświadomić, że te zachcianki mamy i że wcale nie musimy im ulegać, i że nawet będziemy szczęśliwi, gdy nie będziemy ich spełniać, a przynajmniej nie codziennie.

Czy post jest modlitwą?

Sam post nie musi być modlitwą, wszystko zależy od intencji, w jakiej pościmy. Jeśli poszczę po to, żeby szlag trafił mojego wroga, to raczej modlitwą mój post nie będzie. Jeśli poszczę po to, żeby schudnąć, to też nie będzie modlitwa. Natomiast jeśli pościmy, odmawiamy sobie czegoś – cokolwiek by to było, jedzenie czy coś innego – w jakiejś godziwej intencji, to niewątpliwie tak. Post towarzyszy modlitwie. I jeśli mówimy o trzech chrześcijańskich drogach: modlitwie, poście i jałmużnie, to trzeba pamiętać, że one wszystkie muszą iść razem. Nie da się ich rozdzielić. Dopiero modląc się, poszcząc i dając jałmużnę – czyniąc to wszystko razem – mamy szansę na doskonałe życie.

Czyli post może wzmacniać modlitwę.
I może być pokazaniem Panu Bogu, że rezygnuję z czegoś, żeby udoskonalić relację z Nim. Człowiek mający chore dziecko zrezygnuje ze wszystkiego. Znam ludzi, którzy posprzedawali wszystko, co mieli, żeby ratować dziecko. Pozbyli się mieszkania, samochodu i zostali bezdomnymi. Bo im zależało na dziecku. To jest właśnie sens postu. Miłość.

Mówiliśmy dotąd o wymiarze indywidualnym postu, a Kościół raz do roku zaprasza nas do postu wspólnotowo.
Zarówno Wielki Post, jak i święta są obchodzone przez wszystkich moich braci i siostry w Kościele. Dla mnie to jest bardzo wielkie przeżycie, bo doskonale wiem, że miliony chrześcijan w Wielkim Poście, w ten czy inny sposób, podejmują wysiłek, żeby się nawrócić, żeby się poodlepiać od różnych rzeczy, żeby być lepszymi,

i dla mnie stanowi to wielkie wsparcie. Wsparciem jest świadomość, że jakaś staruszka gdzieś tam będzie się starała być milsza dla swojej sąsiadki czy też zrezygnuje z czegoś, bo jest Wielki Post. Na tym polega obcowanie świętych, że my się wzajemnie w dobrym wspieramy. Czyli mam udział w dobrym uczynku staruszki z buszu, podobnie zresztą jak i w złych czynach, które w jakimś sensie we mnie uderzają, popełnionych gdzieś na końcu świata.

Czyli, reasumując, w poście chodzi o to, żeby rozdzierać serca, a nie szaty.
Dokładnie tak. Dlatego już Stary Testament mówi, na czym polega post: rozwiązać kajdany zła, wpuścić do domu ubogiego itd., itd. Oj, nie lubimy tych czytanek w Wielkim Poście. Może wpuścić do domu ubogiego, ale broń Boże nie uchodźcę, broń Boże nie o innym kolorze skóry albo mówiącego językiem brata ze wschodu. Jak trudno jest wynająć mieszkanie dziewczynie z Ukrainy! Niedawno zdarzyła mi się nieprzyjemna historia. Mieszkanka naszego wspólnotowego

Domu w Warszawie, wcześniej bezdomna, zadzwoniła do mnie, była dość roszczeniowa. Nie znałam jej osobiście, byłam przekonana, że jest z Ukrainy. Skarżyła się, że łóżko nie takie, że to i tamto, że ona ma dwa fakultety skończone, że nie jest jakąś tam głupią Ukrainką, która przyjechała tutaj sprzątać. Pytam: Zaraz, zaraz, pani jest Rosjanką? Tak. Z pogardą wyrażała się o ludziach z Ukrainy, którzy przyjeżdżają tutaj pracować. W ciągu dwudziestu czterech godzin zmieniła sobie schronisko, bardzo jej w tym pomogliśmy. Bo to są rzeczy, postawy, których ja nie toleruję.

Jałmużna

TRZEBA SIĘ DZIELIĆ

Chodzi o to, żebyśmy się dzielili z innymi?
Oczywiście! Największym problemem człowieka, wprowadzającym bałagan w jego życiu, jest brak wolności w stosunku do świata rzeczy materialnych. W dzieleniu się chodzi o sprawiedliwość. W Starym Testamencie największym grzechem, który Pan Bóg wypomina narodowi wybranemu, wcale nie są grzechy seksualne. Tylko co? Niesprawiedliwość. Uciskanie słabszego. Niesprawiedliwość społeczna. Dlatego nasza wewnętrzna przemiana powinna polegać na głębokim uświadomieniu sobie, że to, co mamy, pozostaje tylko w naszym zarządzie. To dotyczy wszystkiego. Ziemi, którą Bóg nam dał jako dzierżawcom, żebyśmy nią mądrze i z miłością

zarządzali, Polski jako kraju, w którym się urodziliśmy, Kościoła jako ponadnarodowej wspólnoty wiernych, ale dotyczy także dóbr materialnych, które posiadamy. Na szali jest nasza wolność. Bo dwie największe pokusy człowieka to posiadanie i władza. Ściśle zresztą ze sobą związane. Natomiast chrześcijanin to człowiek, który nieustannie dzieli się tym, co dostał.

Także jałmużna jest sprawiedliwością?
Jałmużna jest między innymi sprawiedliwością. Jest wyrazem sprawiedliwości. Dzielę się tym, co mam – z tobą, który nie masz nic albo masz bardzo mało. W ten sposób zaprowadzam sprawiedliwość. Oczywiście formy jałmużny mogą być różnorakie, ale zawsze są przejawem sprawiedliwości i troski o tych, którzy są ubodzy.

Tak naprawdę problem polega na rozdarciu świata. Od grzechu pierworodnego trwa rozdarcie i nienawiść. Po co Chrystus przyszedł na świat? Podstawowe pytanie. No po co?

Żeby go zbawić?

No dobra, ale co to znaczy? Wszyscy mi tak odpowiadają. Księża, biskupi też. Ale co to znaczy naprawdę? Co mówi św. Paweł? Że Chrystus przyszedł na świat, aby pojednać świat ze sobą, i nam zlecił posługę jednania. Nam też, nie tylko księżom. Weźmy sakrament pokuty: ma wymiar oczywiście głęboko duchowy, ale również powinien mieć odbicie w naszym codziennym życiu i przemienianiu go. Tym, co boli Boga najbardziej, jest rozdarcie pomiędzy ludźmi. Polegające na nierównościach społecznych, ekonomicznych, nierówności szans. Przejawiające się we wrogości, a czasem wręcz nienawiści pomiędzy ludźmi różnych poglądów czy ras. Mamy tego powyżej uszu. Na okrągło. I w naszych rodzinach, i w naszych społecznościach. Rolą i powołaniem chrześcijan jest jednanie świata. To nasz obowiązek.

Jednanie czy wyrównywanie?

Jedno i drugie. Ja nazywam to cerowaniem albo zasypywaniem dziur, tam gdzie one są, tam gdzie mamy taką możliwość. Nie jesteśmy w stanie, siedząc tutaj, przynajmniej dzisiaj tak to wygląda, zatroszczyć się o uchodźców z Pakistanu, którzy żyją na ulicach w Tajlandii. Choć może moglibyśmy paru z nich do Polski przyjąć. Ale ze względu na to, że nie my mamy władzę, tylko ma ją kto inny i się na to nie zgadza, nie możemy tego zrobić. Ale musimy próbować robić to, co jest możliwe.

Czyli jeśli mam dwie pary butów, a ktoś nie ma w ogóle, to muszę mu oddać jedną parę?
Tak. A nawet, jeżeli jest taka potrzeba, możesz oddać tę drugą. I zapewniam cię, że długo nie będziesz chodził boso. Bo tak naprawdę to Pan Bóg jest właścicielem tych rzeczy. My mamy nimi tylko zarządzać, z miłością. Jezus powiedział, że włos nam z głowy nie spadnie. Nawet jeśli oddasz wszystko, On się o ciebie zatroszczy. Spokojnie. To jest oczywiście kwestia podjęcia ryzyka. W każdej miłości musi być ryzyko.

Czyli właściwie nie ja oddaję te rzeczy, tylko Pan Bóg przeze mnie, przez moje ręce chce je przekazać potrzebującym.

Otóż to. Tak jak Chrystus przez ręce apostołów nakarmił tłumy. Dając jałmużnę, w jakikolwiek sposób – czy wpłacając pieniądze na konto Wspólnoty Chleb Życia, czy na akcję Zupa na Plantach, czy dzieląc się jedzeniem, czy oddając buty (których już nie używamy, ale są w dobrym stanie), czy dając pięć złotych człowiekowi żebrzącemu na ulicy – musimy pamiętać, że nie jesteśmy właścicielami tego wszystkiego. Te rzeczy powierzył nam Bóg, żebyśmy je podali dalej, tym, którzy ich najbardziej potrzebują. On ufa, że to zrobimy, że nie zatrzymamy wszystkiego egoistycznie tylko dla siebie. Zrozumienie tego uwalnia nas od lęku przed utratą.

A mnie musi boleć, kiedy daję?

Wcale nie. Może ci to sprawić przyjemność. Mnie sprawia dziką przyjemność, kiedy widzę, jak ludzie się cieszą, gdy coś im daję. I tych, którzy dzielą się z nami, z naszą wspólnotą, też to cieszy. Dzielenie się powinno nam sprawiać radość, a nie ból czy przykrość. Choć oczywiście czasami może się nam zdarzyć moment wahania. Wygrywa w nas egoizm. Wtedy faktycznie boli. No, ale jesteśmy tylko ludźmi.

Nie chodzi o to, żebyśmy, jeśli mamy rodzinę i dzieci, rozdali wszystko i następnego dnia one nie miały co jeść. Chyba że naprawdę jest taka konieczność. Tak jak wdowa w Sarepcie Sydońskiej. Czasem po prostu nie ma wyjścia i musimy się podzielić tym, co mamy, ryzykując, w ramach solidarności, że wszyscy następnego dnia umrzemy z głodu. Łącznie z tym człowiekiem, któremu dzisiaj daliśmy jeść. My w Polsce nie jesteśmy konfrontowani z takimi dramatami, ale nasi bracia w różnych krajach tak. Warto o tym pamiętać.

NICZEGO CI NIE ZABRAKNIE

Opatrzność chyba rzeczywiście o nas się troszczy. Gdy, organizując akcję Zupa na Plantach, wydaję pieniądze na paliwo i inne rzeczy, to najpierw ze swoich własnych,

które zarobiłem, a dopiero potem wysyłam fakturę do kierowanej przez Siostrę wspólnoty, z prośbą o zwrot. Bo tę akcję koordynujemy razem. Bywa, że mam zero na koncie, ale nigdy mi nie zabrakło.

I nie będzie ci brakować.

Za każdym razem, kiedy dobijam do zera i czuję, że będzie dramat, że za chwilę zabraknie mi na jedzenie, nagle dostaję od kogoś trochę kasy, i to mnie ratuje. Dlatego, że porzucasz wtedy ludzkie rozumowanie o rzeczach materialnych, a wchodzisz w rozumowanie Pana Boga, który wie, że Błażej i Piotrek też potrzebują coś zjeść. A Pan Bóg nie jest nieroztropny i dobrze wie, że jak Błażejek będzie głodny, to Pan Bóg straci wariata, który w Jego imieniu zapierniczał i pomagał bezdomnym. Tam w niebie naprawdę jest niezła ekipa, która nas wspiera.

Dobrzy ekonomiści.
Doskonali ekonomiści!, myślący logicznie. Bo jeżeli siostra Chmielewska nie będzie miała butów, to

najzwyczajniej w świecie nie będzie mogła zasuwać dla dobra królestwa Bożego, więc należałoby jej te buty jakoś wykombinować.

Zdarzyło mi się kiedyś, że nie miałam butów. To było na początku naszej działalności, w latach dziewięćdziesiątych. Szłam w Warszawie ulicą boso, bo mi się rozwaliły sandały. Słoneczne lato, więc było mi strasznie fajnie chodzić sobie tak po ulicy. A co! Tego samego dnia wieczorem przyjechał mój brat. Przywiózł mi pieniądze i powiedział, że mam sobie kupić sandały. Ale takie markowe. Okazało się, że on jechał tą samą ulicą i widział mnie idącą boso. Oczywiście puknęłam się w głowę i powiedziałam mu, że nie ma mowy, żebym kupiła TAKIE sandały, jakie sobie wymarzył, tylko za te pieniądze kupię kilka par, także dla innych.

Jak Siostra odczuwa brak albo stratę czegoś? Pewnego razu zostawiłem przypadkowo kurtkę w Żywej Pracowni, w której gotujemy zupę dla bezdomnych, i to kurtkę bardzo drogą, którą dostałem w prezencie

od rodziców na urodziny, taką wypasioną, z kieszeniami, różnymi gadżetami. I Adam, jeden z liderów Zupy na Plantach, który pakował ubrania dla bezdomnych, także ją włożył do któregoś pakunku i tyle ją widziałem.

To się nam często zdarza. W czasie stanu wojennego pracowałyśmy z moją przyjaciółką i najbliższą współpracownicą Tamarą w duszpasterstwie niewidomych przy Piwnej w Warszawie. Dwa piętra niżej był Komitet Prymasowski, który rozdawał dary rodzinom uwięzionych. Bywało, że jak brakowało im kurtek, to ktoś przeleciał przez nasze pomieszczenia i jak wracałyśmy, już naszych ukochanych kurteczek nie było. Takie akcje zdarzają się nam do dzisiaj. Nawet niedawno nasze rzeczy wylądowały w jakimś worku dla potrzebujących. No i co z tego?

No ja się wściekłem. Naprawdę lubiłem tę kurtkę.
Wiesz co, za dziesięć lat przestaniesz się wściekać. Przyzwyczaisz się do tego i znajdziesz sobie w darach jeszcze lepszą kurtkę. Nie uważasz, że to jest zabawne?

Tak?
To jest bardzo zabawne (śmiech).

Na tym chyba polega uwolnienie od rzeczy...
Właśnie o to tutaj chodzi. Pamiętam piękną historię. Nie miałam zimowych butów, więc mi dziewczyny w darach coś znalazły. Markowe, strasznie drogie, para kosztuje osiemset złotych. Porządne zimowe buty, turystyczne. Tylko niestety były o numer za małe. Ale musiałam się mordować, bo nie miałam żadnych innych. To było parę lat temu. Zostałam zaproszona na KUL. Jakiś speech na kongresie tam miałam. Siedzę w tych butach, uwierają mnie jak diabli, no ale nie mam wyjścia. Po zakończeniu podchodzi do mnie jakaś nawiedzona, roztrzęsiona pani i w te słowa: „Siostra mówi o ubóstwie, a jakie Siostra ma buty!". Więc szybko się ich pozbyłam, żeby nie gorszyć pobożnych niewiast.

Jaki z tego morał? Nie chodzi o to, że jak przyjdą buty z darów, a nie będziesz miał własnych, to masz prawo sobie jakieś po prostu wziąć. Masz prawo z tego korzystać tylko wtedy, jeśli oddałeś całą kasę i już nie masz za co kupić sobie butów. Ale póki masz, kup buty z własnych pieniędzy. To kwestia uczciwości. Jeśli natomiast rozdaliśmy wszystko, no to mamy prawo skorzystać z tego, co dostajemy dla ubogich. Dlatego, jeśli straciłeś kurtkę i faktycznie nie masz za co kupić nowej, wybierz z darów taką, w której się będziesz dobrze czuł. A dlaczego nie? Myśmy o kurtkę profesora Balcerowicza, którą nam podarował, gdy jeszcze był wicepremierem, razem z mieszkańcami naszego ośrodka rzucali losy! Na marginesie – do dzisiaj jeździmy samochodem, który nam pan profesor dał. A w swoje urodziny zorganizował zbiórkę pieniędzy na naszą fundację.

SOLIDARNOŚĆ TO NASZ OBOWIĄZEK

Jak powinna wyglądać jałmużna zwykłego chrześcijanina?
Każdy chrześcijanin jest wezwany do tego, żeby się dzielić. Oczywiście każdy według swoich możliwości.

Ale dlaczego? Skończyłem szkoły, ciężką pracą zarabiam pieniądze, czemu mam je komuś oddawać?

W imię Chrystusa. Ponieważ to, że miałem możliwość uczenia się, że mogę pracować, że urodziłem się z dwoma rękami, z dwoma nogami, z głową i z różnymi zdolnościami oraz do tego z silnym charakterem, że miałem takie a nie inne możliwości – rodziców, środowisko, ludzi, którzy mi pomogli – nie jest moją zasługą. Trzeba sobie wbić do głowy: to nie jest moja zasługa. Do takiej motywacji trzeba sięgnąć. To, że nie urodziliśmy się w Syrii, w Afryce, w krajach objętych wojną, nie jest naszą zasługą. To jest wyzwanie. To jest powołanie. I to oznacza, że wszystko, co mamy, powinno służyć budowie królestwa Bożego.

To, że nam nie zawaliło chałupy, a zawaliło na Pomorzu, nie jest – na Boga – moją zasługą, prawda? Po prostu tak się stało. Naszym obowiązkiem, jako chrześcijan, jest solidarność. A więc nie kładźmy się spać, póki nie zrobiliśmy wszystkiego, co możemy, żeby potrzebujący ludzie mieli to, co im do życia niezbędnie potrzebne. Potrzebującym może być nasz sąsiad, ubogie dziecko, kolega czy koleżanka mojego dziecka ze szkoły, to może być moja własna matka, ciotka lub dziadek albo niepełnosprawny chłopak, który mieszka trzy piętra niżej.

Miłosierdzie jest pewnym rodzajem sprawiedliwości. Nie mogę się czuć uprzywilejowany, jeśli coś mam. Pomyślmy. Jeśli mam dach nad głową, to powinienem się zastanowić, czy jestem w stanie pomóc lub wesprzeć innych, którzy tego komfortu nie mają. Albo jeśli cała moja rodzina jest zdrowa i nikt nie jest samotny, to być może należałoby pomyśleć, czy nie zapewnić również rodziny komuś, kto jej nie ma. Na przykład niepełnosprawnemu dziecku, które możemy zaadoptować. W naszym katolickim kraju mało kto się rwie do adoptowania takich dzieci. Wszyscy chcą dzieci piękne, zdrowe i zdolne.

Poszukajmy kogoś, kto nie ma szansy na miłość, bezpieczeństwo, na radość. I spróbujmy mu tę radość sprawić. Do tego zachęcał Jan Paweł II, do tego zachęca nas sam Chrystus. Skończyłeś studia, zasuwasz w korporacji, ale nie musisz mieć od razu wypasionego mieszkania na strzeżonym osiedlu. A jeśli już masz, to może zaproś tam starszą panią z domu pomocy społecznej, której nikt nigdy nie odwiedza. Albo zrób imprezkę dla dzieci niepełnosprawnych. Albo, biorąc swoje dzieci gdzieś na wakacje czy do parku linowego, zabierz jeszcze parę innych, biedniejszych, których na to nie stać. To na tym polega. To jest też jałmużna. Nieustanne dzielenie się tym, co mamy.

Czy są sytuacje, które zwalniają od jałmużny?
Nie ma sytuacji, które by nas zwalniały od dzielenia się tym, co mamy. Nie ma. Każdy ma coś do dania. Nawet człowiek leżący, sparaliżowany. Przypomnijcie sobie sławną historię Janusza Świtaja. On był zupełnie sparaliżowany, zależny od innych ludzi. W pewnym momencie publicznie poprosił o eutanazję, bo jego starzy rodzice już nie mieli sił nim się opiekować. Wtedy zadzwoniła do mnie telewizja i pytali, co ja na to. Odpowiedziałam, że to jest wołanie o pomoc, a nie wołanie o śmierć. Fundacja Ani Dymnej zapewniła mu fachową pomoc, niezbędny sprzęt i on nie

dość, że rozpoczął studia, to jeszcze innym pomaga poprzez telefon zaufania. Można? Można. Tylko trzeba było kogoś, kto da pieniądze Ani Dymnej, a potem trzeba było Ani Dymnej i jej współpracowników, żeby pomyśleli, jak wyrównać temu człowiekowi szanse. Nikt nie przywrócił mu zdrowia, ale dano mu sens życia. A w życiu najważniejsze jest to, żeby być komuś potrzebnym.

Ale naprawdę jest Siostra przekonana, że nie ma żadnej sytuacji, która zwalnia z jałmużny?
Nie ma. Podkreślę to jeszcze raz: nigdy nie jest tak, że nie mam nic do dania. Zawsze mam. Opowiem wam jeszcze jedną historię. Może was przekona. Przez dobrych kilka lat opiekowałyśmy się z Tamarą panią, która żyła samotnie na warszawskiej Pradze, w koszmarnych warunkach. Nie miała toalety, była tylko bieżąca woda. Pani Irena była kompletnie sparaliżowana. Do tego stopnia, że nie otwierała szczęk. Traciła wzrok. Trzeba było karmić ją łyżeczką i dyżurować przy niej dzień i noc. Była tak sztywna jak deska.

Ale wyobraźcie sobie, że do pani Ireny przychodziło bardzo dużo ludzi. Świeckich, księży, nawet bardzo znanych. Dlaczego? Ponieważ mimo swojego fatalnego stanu zdrowia – promieniała radością. Pisała wiersze. Oczywiście je dyktowała. Ludzie uwielbiali z nią przebywać, słuchać jej i czerpać z jej prostej radości.

Kiedy jakiś czas temu pewien młody człowiek umierał u nas na raka w schronisku dla chorych, to reszta naszych biedaków na wózkach co mogła zrobić? Grali z nim w szachy, żeby nie myślał o swojej chorobie. No więc podkreślam jeszcze raz: zawsze możesz coś zrobić. I to też jest jałmużna. To niekoniecznie musi być kasa. Choć oczywiście, jak mawiała Margaret Thatcher, nie można być dobrym samarytaninem, nie mając pieniędzy (śmiech).

MAMY DŁUG DO SPŁACENIA

W Piśmie Świętym jałmużna jest traktowana wręcz śmiertelnie poważnie. W Dziejach Apostolskich

opisana została następująca sytuacja: w pierwszym Kościele wszystko jest wspaniale, chrześcijanie żyją razem i wszystkim się dzielą. Lecz nagle jedno małżeństwo nie chce się dzielić. Chcą oszukać wspólnotę, coś potajemnie dla siebie zachować. I kiedy stają przed św. Piotrem, to padają trupem. Brzmi groźnie. Pamiętajcie, że dzielenie się to nie biznes. Oczywiście jest w tym swego rodzaju interes duchowy, bo dzięki temu uwalniamy się od niewolniczego przywiązania do rzeczy materialnych. Ale przede wszystkim chodzi o to, żebyśmy się dzielili szczerze, z potrzeby serca. Żeby to było naprawdę dzielenie się, a nie wyrzucanie z szafy rzeczy, które już nie są nam do niczego potrzebne, bo się nam znudziły albo zniszczyły i już ich nie chcemy. Dzielić się można rzeczami, które dla nas są cenne i mogą sprawić radość potrzebującym.

Biskup Ryś w książce *Rekolekcje. Modlitwa, post, jałmużna* pisze tak: „Kiedy ojcowie Kościoła mówili o jałmużnie, bardzo często używali słowa *debitum*, czyli powinność albo dług. Jałmużna to nie jest

praktyka dobrowolna, rada dla kilku wyjątkowych ludzi w Kościele. To jest powinność. Jesteś to winien Bogu i ludziom. To nie jest rada dla doskonałych".

Właśnie, to jest to. Jesteśmy, jak mówiłam, dzierżawcami i musimy spłacić dług wobec Pana Boga. On jest ojcem wszystkich ludzi i cierpi, kiedy cierpią nasi bracia. Z różnych powodów. Braku dachu nad głową, braku pokoju, kiedy lecą na nich bomby, braku jedzenia, możliwości leczenia, edukacji. Najrozmaitsze są ludzkie cierpienia. My mamy dług wobec Boga i wobec cierpiących ludzi. Nie możemy przejść obok nich obojętnie.

Czyli nie ma alternatywy? Nie: możesz dać, tylko: musisz dać.
Nie ma alternatywy. Chrześcijanin nie ma w tym wypadku wyboru. Jeżeli chcesz być prawdziwym uczniem Chrystusa, musisz dbać o Jego ludzi. Nie możesz, tylko musisz. Przypomnijcie sobie ostrą i bezkompromisową przypowieść o bogaczu i Łazarzu. Przecież ten bogacz uważał się za bardzo pobożnego, zapracował

na to, co miał. Ale nie dostrzegał drugiego człowieka, w którym cierpiał Chrystus. To jest nasz obowiązek, nasze powołanie.

Nie możesz siadać do stołu, nie upewniwszy się, że zrobiłeś wszystko, żeby inni mieli co jeść. Oczywiście nie chodzi o to, żeby ojciec rodziny zostawił żonę i dzieci, pojechał do Afryki i karmił głodne dzieci. To by było nieodpowiedzialne. Ale może na przykład trochę skromniej żyć i potem za oszczędzone pieniądze umożliwić sobie albo dzieciom wyjazd w wakacje na wolontariat. Oczywiście, jeśli żona pozwoli. Albo można pojechać całą rodziną. Przecież nie trzeba zawsze się wylegiwać na plaży. Można spędzić urlop, pomagając komuś potrzebującemu.

Mamy być dystrybutorami miłości, a miłość ma również wyraz materialny. I co jeszcze ważniejsze, o czym ja mówiłam od dawna, a teraz papież Franciszek to też mówi.

Skonsultował z Siostrą? (śmiech)
Nie potwierdzam i nie zaprzeczam (śmiech).

Ale wracając do jego słów, to jest bardzo ważne: kiedy dajesz jałmużnę, spójrz na człowieka, któremu dajesz, jak na brata, a nie jak na intruza. Jan Paweł II też o tym mówił. Jeśli traktujemy ubogich jako natrętów, którzy nam przeszkadzają w życiu, i żeby zamknąć im gębę, wrzucamy im kilka złotych, to nie jest jałmużna. Musimy spojrzeć na drugiego człowieka jak na brata, w którym cierpi Chrystus. To jedno spojrzenie może przemienić nas, a czasem może również przemienić tego drugiego człowieka. Nawet jeśli on jest agresywny, wulgarny, podpity i zaczepia nas na ulicy, to nie jest menel, to nie jest śmieć, to nie jest karaluch. To jest człowiek, mój brat, w którym cierpi Chrystus. Bóg stworzył go do miłości, do godnego życia. I Bóg cierpi, że on nie żyje w tej chwili pełnią życia. Z różnych powodów: popełnił błąd, był za słaby, ktoś go skrzywdził, dotknęła go ogromna tragedia.

Tu trzeba wrócić jeszcze raz do rozróżnienia pomiędzy rzucaniem ochłapów a prawdziwym dzieleniem się. To jest fundamentalna sprawa. Jest różnica pomiędzy organizowaniem "wigilii z ubogimi" trzy dni przed Bożym Narodzeniem, a organizowaniem jej faktycznie w dniu Wigilii. To nas oczywiście kosztuje, jest niewygodne, bo wtedy mniej czasu spędzamy przy smażeniu własnej rybki i szykowaniu wspaniałych prezentów, tylko z całą rodziną idziemy spotkać się z tymi, którzy tego dnia są naprawdę samotni. To są prawdziwe święta. Wtedy Chrystus jest naprawdę w centrum. A nie czubek naszego nosa.

BÓG NIE MA KALKULATORA

Chrześcijańskie normy są dziwne. Na przykład zarządca winnicy, o którym mowa jest w Ewangelii – jedni się naharowali cały dzień, inni jego pracownicy tylko chwilkę, a on daje wszystkim taką samą zapłatę. Przecież to niesprawiedliwe.

To jest po ludzku rzecz biorąc niesprawiedliwe, natomiast Bóg pokazuje nam, czym jest sprawiedliwość Boża połączona z miłosierdziem. I zaprasza nas, żebyśmy byli tacy jak On. Jak by to miało wyglądać w praktyce? Na przykład jesteśmy pracodawcami i zatrudniamy dwie osoby. Jedna pracuje u nas pięć lat, a druga od kilku dni. No, wypadałoby, żeby ta pierwsza zarabiała więcej. Ale płacimy im świadomie tyle samo. Dlaczego? Bo uważamy, że temu drugiemu człowiekowi potrzebne są pieniądze, bo ma taką, a nie inną sytuację, ma dziecko chore albo tonie w długach. Ten pierwszy się oczywiście buntuje i mówi, że to niesprawiedliwe. Sorry, no jeśli mu się nie podoba, jest wolnym człowiekiem, może odejść.

A ciebie to nie interesuje, bo to nie są twoje pieniądze, tylko pieniądze Pana Boga. I zatrudniając człowieka w trudnej sytuacji, chcesz mu pomóc. To jest zupełnie inna sprawiedliwość. Boża sprawiedliwość. Ona dotyczy głównie królestwa Bożego, ale czasem zdarza się też, że ktoś tak robi już tu na ziemi. I pracodawca ma do tego pełne prawo. Znam firmę, która zatrudnia kobietę, samotną matkę, tylko po to, żeby jej pomóc. Praca tej kobiety według rynkowych norm nie jest warta pieniędzy, jakie ona dostaje.

Ale firma jest zamożna i pracodawca postanowił jej w ten sposób pomóc. To jest naprawdę piękne. Ale w nas rodzi bunt.

A przypadek dobrego łotra, który został pierwszym świętym? Nawrócił się w ostatniej chwili przed śmiercią. Można więc powiedzieć, że nie zasłużył na swoją nagrodę.

To jest Boże miłosierdzie. Dlatego my mamy głosić nadzieję, która jest miłosierdziem, bo Bóg jest miłosierdziem. I wszyscy – to dotyczy każdego z nas, także naszych braci, którzy grzeszyli, siedzieli w więzieniu, nawet może kogoś zabili, pili i tak dalej, i tak dalej... – każdy ma szansę w Bożych oczach. Tę nadzieję powinniśmy głosić. Nigdy nie jest za późno. Każdy ma szansę. Boża sprawiedliwość nie polega na liczeniu naszych grzechów na kalkulatorze. Nie o to chodzi, lecz o to, żebyśmy spotkali się z Jego miłością. To zmienia wszystko. A oczywiście może nastąpić w ostatniej chwili życia. Aczkolwiek niekoniecznie trzeba czekać aż tak długo.

Nie polecam. W ten sposób tracimy mnóstwo z radości, której możemy zaznać już tu, na ziemi (śmiech).

PROBOSZCZ BEZ MERCEDESA

Jan Paweł II na spotkaniu z polskimi księżmi powiedział, że ksiądz powinien sprawdzić, jaka jest średnia zarobków w danym kraju, i żyć trochę poniżej tej średniej, a całą resztę oddawać.
Oczywiście. Myślę, że tak powinni postępować wszyscy chrześcijanie. Nie tylko księża.

Czyli to, co nam zbywa, powinniśmy oddawać?
Nie tylko to, co nam zbywa. To powinno być oczywiste. Natomiast dobrze jest czasem zatrzymać się i sprawdzić, czy poziom naszego życia nie wykracza poza konieczną przeciętną. Ale też nie należy robić głupstw. Na przykład w naszym klimacie nie powinniśmy przestać ogrzewać mieszkania, bo po pierwsze się pochorujemy, a po drugie zniszczymy mieszkanie. Chodzić boso zimą w Polsce też by nie

było zbyt rozsądnie. Natomiast możemy sprawdzić, czy przypadkiem nasze oczekiwania wobec tak zwanego poziomu życia nie są zbyt wygórowane. Czy na pewno potrzebujemy takiej wielkiej plazmy? Czy koniecznie musimy nosić drogie, markowe ciuchy? Czy na pewno musimy jechać na megadrogie wczasy all-inclusive?

Albo księża i ich słynne fury. Oczywiście nie mówię, że ksiądz nie może mieć samochodu, zwłaszcza jeśli mieszka na wsi.

O samochodach też u Jana Pawła II coś było. Upraszczając – trzeba patrzeć, jakie samochody jeżdżą po kraju, co najczęściej mijamy na ulicy. Jak jeżdżą ople, to niech ksiądz proboszcz nie jeździ mercedesem.
Oczywiście, że tak. Duża większość ludzi ma używane samochody. Więc gdyby mój proboszcz pojawił się u nas na wsi w mercedesie najnowszej generacji, no to byłoby nieuczciwe wobec tych ludzi, ciężko pracujących, którzy ciułają pieniądze i kupują sobie używane samochody z Niemiec. Księdzu powinien

wystarczyć taki, jak mają przeciętni sąsiedzi. Jeśli jest inaczej, to jest gorszące.

Wychodzi na to, że im mniej się ma, tym łatwiej być przyzwoitym chrześcijaninem.
Zdecydowanie tak.

A co Siostra myśli o dziesięcinie? W ostatnim czasie słyszeliśmy od różnych ludzi, którzy zaczęli dawać comiesięczną dziesięcinę, że wcale nie spowodowało to u nich problemów finansowych. Wręcz przeciwnie, zaczęło się im lepiej powodzić.
Właśnie tak jest! Oddaj komuś dziesięć albo dwadzieścia procent swoich zarobków, a zobaczysz, jak Bóg się o ciebie zatroszczy.

Mamy wrażenie, że ludzie wzbraniają się przed dawaniem dziesięciny, ponieważ bardziej wierzą w siłę pieniądza niż w siłę Pana Boga.
Niestety tak często jest. Dziesięcina jest formą jał-

mużny, która buduje w nas zaufanie wobec Opatrzności Bożej. Jałmużna ma także taki sens.

A trzeba się modlić o pieniądze?
A oczywiście! Jeśli są potrzebne na dobre dzieła lub na utrzymanie rodziny, to trzeba się modlić. Tylko w sposób roztropny. Nie można leżeć na plaży do góry brzuchem cały rok i mówić: Panie Boże, spuść mi woreczek kasy. Jest taki sławny dowcip o Żydzie, który miał pretensje do Pana Boga, że nie wygrał na loterii. Wreszcie zdenerwowany Pan Bóg otwiera niebo i mówi: Głupcze, kup los! No trzeba wypełnić kupon w totolotku. Można się modlić o pieniądze, kiedy nie mamy możliwości ich zarobienia i mają być przeznaczone na dobry cel. Na przykład na leczenie naszego chorego dziecka. Ale musimy troszeczkę zakasać rękawy i Panu Bogu pomóc. No nie ma tak, żeby zrzucał nam walizkę z dolarami na łeb. Trzeba próbować zdobyć je własnymi siłami i równocześnie prosić o pomoc górę.

Szymon Hołownia mówi, że modli się o pieniądze słowami: Panie Boże, tyle już pracuję i tak jestem zaangażowany w tę pracę, a tutaj muszę leasing spłacić, więc jakbyś na trzy miesiące dał mi trochę luzu z kasą, to bym nie narzekał.

Przede wszystkim Szymon popełnia jeden błąd, mianowicie określa sumę (śmiech). I mówi, że potrzebuje na leasing. A dlaczego tylko na leasing? Przypomnijcie sobie Mojżesza i paru innych, którzy się modlili, ale inteligentnie. Nie narzucając Bogu, ile czego ma im dać. Nie ograniczajmy Bożego miłosierdzia! Czasami Pan Bóg poratuje nas precyzyjnie i da nam co do złotówki, ale dlaczego nie miałby czasem zaszaleć? Nie mówmy, że potrzebne nam dziesięć tysięcy dolarów. Potrzebna jest kasa. I tyle. A jak będzie więcej, to się z kimś podzielimy, po prostu (śmiech). Mnie w tej chwili jest potrzebne osiemdziesiąt tysięcy…

Nie mówmy tego głośno (śmiech).

No nie mówmy tego głośno (śmiech).

UWOLNIJ SIĘ OD GRZECHU

Zapomnieliśmy chyba o tym, że pierwotnie wszystkie pieniądze, jakimi Kościół dysponował, tak naprawdę nie były jego. Pieniądze Kościoła należały do ubogich, a on je tylko dla nich przechowywał.

Tak samo powinno być obecnie. Jesteśmy często zniewoleni żądzą posiadania, także Kościół nie jest od niej wolny.

Kiedyś byłam z Tomaszem, synem Tamary, który wtedy był jeszcze malutki, miał chyba ze trzy lata, w pewnym bardzo ważnym urzędzie kościelnym. Pracowała tam siostra zakonna, na bardzo ważnym stanowisku. Oczywiście okazywała to wszystkim interesantom. Na stole owej siostry stała malutka fiolka z malutkim kwiatkiem. Tomuś niechcący poruszył fiolkę i się trochę rozlało na stół. Boże, co się działo! Tak działa człowiek zniszczony przywiązaniem do władzy i śmiertelną powagą z tym związaną. Zamiast się cieszyć, że może służyć, chodzi cały znerwicowany i warczy na innych.

Niestety, w jakimś stopniu dotyczy to nas wszystkich. Można być totalnie przywiązanym do starej pary spodni. To wcale nie musi być mercedes najnowszej marki czy najnowszy model komórki. Naprawdę można być niewolniczo przywiązanym do starej pary spodni, o którą jesteśmy w stanie zrobić dziką awanturę, jak nam żona wrzuci je do pralki i zafarbuje.

Jak się z tego leczyć? Pamiętam, jak jeden z naszych mieszkańców, Jacek, zwinął mi dres i papierosy. Co tydzień jeździliśmy z nim na Białoruś, do Brześcia. Był genialnym kucharzem. Hochsztapler potworny, ale jednocześnie genialny kucharz, genialny organizator. Jeździliśmy ciężarowym samochodem, woziliśmy ze sobą całe zaopatrzenie. Na miejscu przez tydzień gotowaliśmy zupy, które wydawaliśmy potrzebującym pod kościołem. I kiedyś ja już się szykowałam do wyjazdu powrotnego, gdy zorientowałam się, że mi dres zginął. A pamiętałam, że suszył się na sznurku. I fajki też wyparowały. Pomyślałam: trudno, i pojechaliśmy. Jedziemy, ja znowu szukałam papierosów, a on mówi: Co, chcesz zapalić?

Ja mówię: Tak. I on wyciąga moje papierosy. Wieczorem zatrzymaliśmy się w starej wiejskiej chałupie. Dwa pokoje i kuchnia. Jacek spał w swoim pokoju, ja z moim adoptowanym synem Arturem w swoim. Przebraliśmy się, wychodzimy do kuchni wypić herbatę, patrzę: Jacek wchodzi w moim dresie. No więc wiesz... (śmiech). Takie sytuacje bardzo uwalniają. W ogóle kiedy coś nagle gubimy albo nam coś ktoś zabierze, to jest doskonałe ćwiczenie duchowe. Aczkolwiek oczywiście mnie też czasem szlag trafia, kiedy coś stracę.

Święty Augustyn mówił, że korzeniem wszystkich grzechów jest chciwość, a jałmużna jest jej przeciwieństwem. Z tego wyciągnął wniosek, że jałmużna jest lekarstwem na wszystkie grzechy, nawet najcięższe.

Zgadza się. Chciwość. Chęć posiadania drugiego człowieka. A ściślej mówiąc chęć panowania, czyli posiadania drugiego człowieka na własność. To nie jest miłość, do której zostaliśmy stworzeni. Chciwość w stosunku do rzeczy materialnych, chciwość władzy, prestiżu, który budujemy sobie poprzez różne błyskotki i gadżety. To jest wszechobecne. Nawet w reklamach nam stale wmawiają: będziesz się czuł ważny, jak będziesz miał taką, a nie inną komórkę, będziesz prał w takim a nie innym proszku, będziesz jeździł tam a tam na wczasy.

Warto pamiętać, że chciwość może dotyczyć również rzeczy duchowych. To się ładnie nazywa łakomstwem duchowym. Jakie są objawy? Wystarczy popatrzeć na ludzi, którzy jeżdżą z rekolekcji na rekolekcje. Non stop. A te będą wegetariańskie, a te będą jakaś tam dieta cud, a jeszcze inne ze znanym charyzmatykiem. To jest chciwość rzeczy duchowych, która prowadzi donikąd. Niszczy człowieka i rozbija go.

Zamiast płacić za kolejne tego typu rekolekcje, idź i popracuj trochę przy Zupie na Plantach i będziesz miał rekolekcje, że ho ho! Ze wszystkim. Miłością, cierpliwością, bezinteresownością. I spotkanie z Chrystusem twarzą w twarz. Pełny pakiet za friko. Za friko! Albo posłuż jako wolontariusz w naszym domu dla chorych, albo w którymś domu dziecka, gdziekolwiek jesteś. To dopiero będą rekolekcje.

No więc święty Augustyn mówi dokładnie to, co święty Jan: korzeniem wszelkiego zła jest chciwość. Bo chciwość jest ostatecznie chęcią zastąpienia Pana Boga. Pragniemy, żeby się jednak okazało, że jesteśmy panami naszego życia, życia innych, panami świata. A to nie jest prawda. Jałmużna zaś jest czymś przeciwnym. Dając ją, dzieląc się, uznajemy, że to Bóg jest naszym Panem, my Mu służymy i chcemy być dobrzy dla innych. Taka postawa może nas uleczyć z każdej chciwości, pychy i egoizmu.

WRAŻLIWOŚĆ WYMAGA POMYSŁOWOŚCI

W Księdze Kapłańskiej jest napisane, że podczas zbiorów część plonów powinno się zostawić, żeby obcy przybysz będący w potrzebie mógł się pożywić.
My natomiast zbieramy do czysta. Nic nie zostawiamy. A gdy ktoś próbuje się pożywić naszymi plonami, to uważamy, że jest głupi menel i na to nie zasłużył.

Jak można zrealizować tę zasadę dziś w praktyce? Czy na przykład gdy kupuję w automacie bilet tramwajowy za 2,80 i wrzucam 5 złotych, to powinienem zostawić tam te 2,20? Żeby żebrak mógł sobie wyciągnąć i coś za to kupić? Albo gdy jem coś w galerii handlowej, to może warto zostawić trochę jedzenia na talerzu, żeby potrzebujący też mógł się posilić?

Tak, tylko jeszcze pomyśl o tym, żeby odłożyć jedzenie na czysty talerz, żeby nie musiał jeść resztek z twojego brudnego. Podzielić się to odłożyć na czysty talerz. Nie zostawiać ochłapów. Albo najlepiej kupić specjalnie więcej i poszukać kogoś, komu można to dać do ręki.

We Francji wprowadzono prawo, w myśl którego supermarketom nie wolno wyrzucać jedzenia. Dzięki temu trafia ono do potrzebujących. W Stanach Zjednoczonych są sklepy z przeterminowanym jedzeniem. To jedzenie jest dobre, bo są produkty, które jeszcze po oficjalnym terminie nadają się do spożycia. Jest ono sprzedawane w specjalnych sklepach po symbolicznej cenie. Nawet najbiedniejszych na nie stać.

Tak to powinno wyglądać. Solidarność z ubogimi wymaga wrażliwości, ale też pomysłowości.

Czyli nawet zostawienie tych 2 złotych w automacie na bilety ma sens. Bo ubogi sobie coś za to kupi.
Oczywiście, że tak. To jest jedna z metod. Są też na przykład tak zwane zawieszone kawy w zimie w kawiarniach. Zmarznięci ludzie mogą przyjść i napić się czegoś ciepłego, bo ktoś wcześniej za tę kawę zapłaci i dla nich ją zostawia. To jest kapitalny pomysł! Ja siedzę na wsi i nie widzę tego wszystkiego na własne oczy, ale czytam w Internecie o różnych akcjach. No i serce rośnie. Ludzie mają fantastyczne pomysły!

I zostawiajmy otwarte klatki schodowe zimą?
Warto to robić. Ale trzeba też wtedy zadbać o bezpieczeństwo i porządek. Nie może być tak, że będzie zaraz zasikana klatka. Jak na coś takiego się decydujesz, to warto zaprosić do współpracy sąsiadów i wyznaczyć dyżury, żeby tam czasem zerknąć, coś ewentualnym

gościom przynieść do picia i jedzenia, może jakiś ciepły koc dać. Ale też trochę skontrolować. Bo z bezdomnymi różnie bywa. Czasem trzeba wezwać straż miejską, żeby człowieka przewieźli do schroniska, jak się zgodzi.

NIE ZWALAĆ WSZYSTKIEGO NA BOGA

I jeszcze jedna myśl od ojców Kościoła. Bardzo mocna. Oni twierdzili, że modlitwa bez postu i jałmużny jest bezpłodna, że w zasadzie nie ma sensu.

Tu jest pies pogrzebany! Bo my o tym zupełnie zapomnieliśmy. Ja nie osądzam moich braci, z którymi jestem na Mszy świętej, których nie znam, więc nie chcę ich pochopnie oceniać. Ale jak ktoś się modli w kościele „Prosimy Cię, Panie, o pokój na świecie", a następnie wychodzi i idzie bić „czarnucha" albo w sposób agresywny wyraża się o tych, którzy myślą inaczej, to to jest jakaś farsa. Podobnie jest z modlitwą „Prosimy Cię, aby wszyscy bezdomni znaleźli dach nad głową" albo „by wszyscy głodni mieli co jeść. Ciebie prosimy, wysłuchaj nas, Panie". Wypowiadamy ją, następnie grzecznie wychodzimy z kościółka, w którego sieni stoi młody człowiek, na wpół sparaliżowany, zdecydowanie nie Polak, i żebrze, a my omijamy go szerokim łukiem.

Nasza modlitwa jest nieuczciwa, a więc nie będzie wysłuchana, jeśli sami nie zrobimy czegokolwiek konkretnego, żeby to, o co się modlimy, mogło się wydarzyć. Jeśli modlimy się o uzdrowienie albo o zdrowie dla kogoś, kto jest ciężko chory, no to – na Boga – najpierw musimy mu zapewnić medyczną opiekę, a potem dopiero liczyć na cud.

Jak dzwoni do mnie kobieta w ciężkiej depresji i mówi mi jeszcze, że ma myśli samobójcze, a na końcu dodaje, że właśnie była na jakichś rekolekcjach z modlitwą o uzdrowienie i ksiądz jej kazał odstawić leki, to mi się po prostu nóż w kieszeni otwiera. To jest jakiś koszmar! Miałam taką sytuację kiedyś. Wysłuchałam i spokojnie pytam: „I co, pomogły pani te modlitwy?" „No nie". „No to może wrócimy do leków?" „Ale ja nie mam, bo wyrzuciłam". „No to

Jałmużna

gdzie pani mieszka? W jakimś mieście?" „Tak". „Jest tam szpital psychiatryczny?" „Tak". No to pytam dalej: „Ma pani kogoś?" „Nie". „Niech się pani przemoże i niech pani powolutku spróbuje się ubrać, pójść do tego szpitala i poprosić doktora o leki, to pani da". „Na pewno?" „Tak".

Rozumiecie, o co mi chodzi? Nie można zwalać wszystkiego na Boga i wbrew zdrowemu rozsądkowi czekać na Jego interwencję. On po to dał nam rozum i ręce, i innych ludzi, żebyśmy sobie umieli pomagać. Musimy wypełnić ten kupon! Nie możemy liczyć na to, że dziecko, które ma zapalenie płuc, nagle wyzdrowieje po naszej żarliwej modlitwie, a nawet mu nie podamy antybiotyków. To jest wiara w jakieś czary, a nie chrześcijaństwo. Po to Pan Bóg dał nam służbę zdrowia, żebyśmy z tego skorzystali. Oczywiście możemy wierzyć w cuda, bo Jezus chce dokonywać cudów, ale najczęściej chce to robić przez nasze ręce. Dlatego nie wystarczy się modlić. Trzeba zakasać rękawy, wziąć się do roboty i stać się Jego narzędziami. Jeśli za naszą modlitwą pójdzie konkretne działanie, to będziemy widzieć owoce. Będzie więcej miłości, pokoju i dobra. A to już jest budowanie królestwa niebieskiego. I o to by w tym wszystkim chodziło.

SPOSÓB NA WSPÓLNOTĘ

Spotkanie

Chrześcijaństwo jest religią spotkania i myślę, że to nas odróżnia od innych religii. Jest religią relacji, samo słowo „religia" oznacza nawiązanie więzi. Chrześcijaństwo to spotkanie z osobą, przede wszystkim z osobą Jezusa Chrystusa, Boga wcielonego. Po to przyszedł na świat. Jak powiedział św. Atanazy: Bóg stał się człowiekiem, aby człowiek mógł stać się Bogiem. Aby więzi pomiędzy ludźmi i między Bogiem a człowiekiem były takie, jakie ma Bóg z nami. To jest szalenie ważne.

Każda prawdziwa miłość, jest odblaskiem Boga. Kiedy Jan XXIII w Ogrodach Watykańskich spotkał gorąco się całującą parę, to ich pobłogosławił. Wiedział, że każda prawdziwa miłość pochodzi od Boga. Niezależnie od tego, czy ktoś deklaruje się jako wierzący katolik, czy nie. Są miliony ludzi na świecie, którzy nie nazywają Chrystusa Chrystusem, natomiast przez swoje życie czy nawet gesty szerzą miłość.

Widziałam kiedyś zdjęcie, przedstawiające upośledzonego hinduskiego chłopca, któremu stary człowiek grał na flecie. Daję sobie głowę uciąć, że ów stary człowiek nie jest chrześcijaninem, ale tym, co chciał przekazać temu dziecku, była miłość.

To był gest nieprawdopodobnej miłości. Dlatego nasze spojrzenie na świat musi być spojrzeniem poszukującym spotkania. Jest taki fantastyczny fragment (wszystkie są fantastyczne, ale ten szczególnie lubię) w Ewangelii według św. Jana, kiedy do Jana Chrzciciela, przebywającego ze swoimi uczniami, przychodzi Pan Jezus:

Nazajutrz Jan znowu stał w tym miejscu wraz z dwoma swoimi uczniami i gdy zobaczył przechodzącego Jezusa, rzekł: „Oto Baranek Boży". Dwaj uczniowie usłyszeli, jak mówił, i poszli za Jezusem. Jezus zaś odwróciwszy się i ujrzawszy, że oni idą za Nim, rzekł do nich: „Czego szukacie?" Oni powiedzieli do Niego: „Rabbi! – to znaczy: Nauczycielu – gdzie mieszkasz?" Odpowiedział im: „Chodźcie, a zobaczycie". Poszli więc i zobaczyli, gdzie mieszka, i tego dnia pozostali u Niego (J 1,35-39).

Krótko mówiąc, ich spotkanie z Bogiem wcielonym było najnormalniejszym w świecie, zwykłym spotkaniem. Oczywiście ci ludzie czegoś szukali i to jest szalenie ważne. Na początku byli uczniami Jana Chrzciciela, za którym poszli, szukając Boga prawdziwego. Potem usłyszeli „Oto Baranek Boży". Te słowa były dla młodych Izraelitów jasnym przesłaniem. Poszli więc nieśmiało, można sobie wyobrazić dwudziestoparolatków, którym ktoś pokazuje kogoś ważnego. Nie będą się pchali, będą jednak próbowali zobaczyć swojego idola. Jezus poczuł, że ktoś za Nim idzie. Odwrócił się i zapytał: Czego szukacie? Oni, straciwszy głowę, zadali pytanie pierwsze z brzegu i bardzo słuszne, jedyne, jakie mogło paść: Nauczycielu, gdzie mieszkasz? A potem po prostu byli z Nim. To było spotkanie. Takich spotkań, które zmieniły życie ludzi, jest w historii bardzo dużo.

Święty Augustyn, który długo błąkał się po różnych zakątkach błędów filozofii, później błędów manicheizmu, spotkał biskupa, św. Ambrożego (wtedy jeszcze, rzecz jasna, kanonizowany nie był). To spotkanie zmieniło życie św. Augustyna.

Święty Marcin z Tours, rzymski legionista, który był dopiero katechumenem, nie był jeszcze ochrzczony, spotkał na swojej drodze zziębniętego żebraka. Oddał mu połowę płaszcza, a gdy dotarł do obozu i zaczął się grzać przy ogniu, ujrzał Jezusa przyodzianego w jego żołnierski płaszcz.

Dlaczego oddał połowę płaszcza? Otóż żołnierze rzymscy za połowę płaszcza płacili z własnej kieszeni, a połowa była własnością cesarza. Wobec tego oddał swoje, a nie to, co było cesarskie.

Pan Bóg organizuje nam bardzo różne spotkania. Święty Franciszek spotkał Chrystusa, który przemówił do niego z krzyża: Franciszku, odbuduj mój Kościół. Święta Teresa z Ávili spotkała Chrystusa, który przemówił do niej z krucyfiksu. Błogosławiony Karol de Foucauld, gdy powrócił z podróży do Francji i wszedł do kościoła, spotkał bardzo mądrego księdza, z którym zaczął rozmawiać. Ten mu zaproponował spotkanie bezpośrednie, bliskie i gwałtowne, czyli spowiedź. Karol de Foucauld, zupełnie nieprzygotowany, przystąpił do spowiedzi. To spotkanie z Chrystusem miłosiernym, przebaczającym radykalnie odmieniło jego życie. Jego idea życia ukrytego przyświeca obecnie licznym zgromadzeniom zakonnym, między innymi części Wspólnoty Chleb Życia.

Gdyby dobrze przeanalizować swoje życie, okazałoby się, że każdy z nas doświadczył takiego spotkania, bo Pan Bóg nie zostawia nas bez spotkań. Problem polega na tym, że czasami ich nie zauważamy.

Aby doszło do prawdziwego spotkania chrześcijańskiego, do spotkania w Chrystusie, muszą być spełnione pewne warunki. Odbywamy miliony różnych spotkań – biznesowych, towarzyskich, takich czy innych. Cechą współczesnego świata są te niezliczone spotkania i tragiczna samotność jednocześnie. Bo świat podsuwa też nieograniczone możliwości ucieczki od spotkania, począwszy od internetu, przez telefony komórkowe, ogłupianie się muzyką, wysyłanie esemesów. To jest ucieczka od samotności, ale przede wszystkim ucieczka przed samym sobą.

Chrystus proponuje coś zupełnie innego. Aby naprawdę spotkać się z drugim człowiekiem i być z tego powodu szczęśliwym, trzeba najpierw spotkać się z Chrystusem. Często unikamy tych spotkań jak ognia. Dlaczego? Bo wymagają od nas prawdy, wysiłku, wyjścia z siebie. Na tym polega urok miłości, że trzeba wyjść z siebie. Ale tkwi w tym również pewne ryzyko, dlatego że jeśli spotykamy się twarzą w twarz z drugim człowiekiem, a przede wszystkim jeśli spotykamy się z Bogiem, to pozwalamy wejść Panu Bogu lub tej drugiej osobie w nasze wnętrze. Ryzykujemy dwie rzeczy. Po pierwsze: ryzykujemy zranienie ze strony drugiego człowieka. Stąd bierze się lęk niektórych ludzi przed nawiązaniem prawdziwych relacji. Często jest to wręcz niemożność, gdy człowiek jest głęboko zraniony – dzieci, wychowankowie domów dziecka, które nigdy nie miały możliwości nawiązania prawdziwych relacji. Po drugie: lęk przed byciem sobą.

Pamiętam, kiedy byłam bardzo młoda, dostałam kartkę z satyrycznym rysunkiem. Było tam napisane: Dudi, bądź sobą. Uważam, że to genialne. Lęk przed byciem sobą jest źródłem bardzo wielu niepokojów i nerwic. Swoim wyglądem i sposobem funkcjonowania usiłujemy się dostosować do oczekiwań innych. Taki lęk towarzyszy nam od dziecka. Często wychowuje się dzieci, nie rozwijając w nich wrodzonych predyspozycji (nie mówię o tolerowaniu złych cech). Nie wydobywamy z nich skarbów, jakie posiadają, tylko próbujemy przerobić je na swój obraz i podobieństwo.

Prawdziwe relacje chrześcijańskiej miłości polegają na wzajemnym szacunku i wolności. Są to relacje, jakie Chrystus chce mieć z nami, On nam jednak nigdy niczego nie narzuca. Ale lęk, by się nie okazało, że wcale nie jesteśmy tym, kim jesteśmy, albo kogo udajemy, jest lękiem, który nas zabija. Lęk ten kieruje bardzo wieloma młodymi ludźmi, zwłaszcza tymi, którzy uczestniczą w tak zwanym wyścigu szczurów, w wielkich korporacjach zmuszających zatrudnionych do swego rodzaju gry. Dziewiętnastowieczny wyzysk pracownika to był przy tym mały pryszcz – tam był wyzysk fizyczny, tu jest niszczenie psychiki.

Moja córka pracująca w McDonaldzie w Warszawie opowiadała mi, że cała ekipa się trzęsie, bo raz w miesiącu jest kontrola incognito, nigdy nie wiadomo, kiedy. Za drobiazg, za niedostatecznie szeroki uśmiech, wylatuje się z pracy. Trzymanie ludzi w stałym stresie to specjalny system.

Spotkanie z Chrystusem bardzo często nas przeraża, bo obawiamy się, że Pan Jezus się nami zdziwi. A Pan Jezus niczemu się nie będzie dziwił, co więcej, On to wszystko już wie. Pan Jezus powiedział: Chodźcie, a zobaczycie. Spotkanie z Nim uwalnia nas. Jeśli będziemy ćwiczyć te spotkania, staniemy się ludźmi wolnymi, a wtedy spotkanie z innymi ludźmi przestanie nas przerażać. Skąd się bierze tworzenie obronnych twierdz, zamkniętych grup? Gdy spojrzymy na apostołów, widzimy ludzi, którzy się nie bali zbliżyć do Boga. Nawet za cenę życia. Nie bali się rozmawiać z ludźmi inaczej myślącymi, niewierzącymi. Podobnie tysiące naszych braci, którzy spotkawszy

Chrystusa, stali się ludźmi wolnymi, wobec czego spotkanie z drugim człowiekiem, z innym w jakimkolwiek sensie, ich nie przeraża. W każdym człowieku usiłują znaleźć to, co łączy. To może być punkt malutki jak główka od szpilki, a jednak punkt styczny.

Nie ze wszystkimi tak można, na przykład jeżeli natkniemy się na oprychów, którzy chcą zabić nas lub naszych najbliższych. Aczkolwiek zdarzają się pozytywne historie, które potwierdzają, że da się dotrzeć do serca takich ludzi. Tylko trzeba zdążyć. Lecz bywają również sytuacje, o których Pan Jezus wyraźnie mówi: Strząśnijcie proch z waszych nóg, albo: Nie rzucajcie pereł przed świnie, to znaczy: nie trwońcie czasu i energii na ludzi, którzy nie chcą się z wami spotkać, bo spotkanie wymaga dobrej woli dwóch stron.

Są wspaniałe historie, choćby o św. Franciszku, który w swojej gorliwej naiwności starał się nawracać sułtana. Sułtana nie nawrócił, ale został przyjęty z wielkim szacunkiem, dlatego, że sułtan zobaczył w nim Boga jedynego. Obaj panowie odeszli z niczym, jeśli chodzi o wzajemne nawracanie, ale nie o to musi chodzić. Można się po prostu spotkać, oni obaj tego chcieli, choć byli bardzo różni.

Pewien ojciec pustyni, którego napadli zbójcy, oddał im wszystko. Ale potem zorientował się, że o czymś jednak zapomniał. Pobiegł więc do zbójców i oddał tę ostatnią rzecz. Ten gest sprawił, że tamci ludzie zmienili swoje życie. Doszło do prawdziwego spotkania.

Myślę, że bardzo często odkładamy te prawdziwe spotkania. Spotkania z Jezusem Chrystusem. A potem dziwimy się, że nasze spotkania z ludźmi nie są prawdziwymi spotkaniami.

Takie spotkania powinniśmy przede wszystkim odbywać z ludźmi najbliższymi. Ograniczamy je jednak często do pytania: Czy chcesz jeść? i tym podobnych. Nie zagłębiamy się zbytnio, niestety. Wszystkie prawdziwe spotkania są zetknięciem się wolnych ludzi na wspólnej płaszczyźnie, ludzie, którzy coś wymieniają, bo na tym polega spotkanie z Bogiem. To ustawiczna fala miłości, która do nas dociera i którą powinniśmy oddawać, przekazywać dalej. Innej drogi niż przez człowieka w chrześcijaństwie nie ma. Tym różnimy się od innych religii. W chrześcijaństwie spotkanie z Bogiem zawsze odbywa się poprzez spotkanie z drugim człowiekiem.

Te trzy adresy, które ustawicznie powtarzam: Eucharystia, Ciało i Krew jako spotkanie z Bogiem Żywym, który umarł i zmartwychwstał, ale także spotkanie wokół stołu eucharystycznego, czyli Kościół. W znaczeniu całej wspólnoty, nie tylko tej, która mi się podoba, Kościół jako tradycja, jako Pismo Święte, jako sakramenty. Pan Jezus mówi: „Gdzie dwóch albo trzech jest zebranych w imię Moje, tam Ja jestem pośród nich". I trzeci adres – drugi człowiek, szczególnie człowiek ubogi: „Cokolwiek uczyniliście jednemu z tych braci Moich najmniejszych, Mnieście uczynili".

Dowcip polega na tym, że bardzo często, chcąc spotkać Chrystusa, wybieramy sobie adresy według naszych upodobań. Tak się nie da. Nawet siostry najściślej zamknięte w klasztorach klauzurowych czy bracia kartuzi, aby spotkać w pełni Boga, nie mogą wyłącznie tkwić w relacji pionowej. Muszą także i przede wszystkim działać w relacji poziomej. Muszą też mieć na względzie spotkanie z Chrystusem, który ma zdeformowaną twarz. To nie musi być bezpośrednie spotkanie, oczywiście.

Nawet w takim klasztorze św. Teresa od Dzieciątka Jezus wybierała sobie najbardziej uciążliwe współsiostry, którymi się opiekowała. Aż były zdziwione i pytały: cóż ta siostra takiego w nas widzi, że się ciągle do nas uśmiecha? Były to zrzędliwe, dokuczliwe, zreumatyzowane staruszki. A o reumatyzm nie było trudno, bo klasztor był nieogrzewany.

Te trzy adresy są adresami spotkań z Chrystusem. Żaden z biskupów jeszcze tego nie podważył, choć nauczanie Kościoła często zapomina o trzecim adresie, bo jest najtrudniejszy. Ten ostatni, w postaci zrzędliwej teściowej, nieznośnej sąsiadki, głośnej koleżanki z pokoju, męża, który odkłada skarpetki nie tam, gdzie trzeba, to są najdrobniejsze i najtrudniejsze spotkania z drugim człowiekiem, z którym trzeba dojść do jakiegoś porozumienia.

To działa w dwie strony. Spotkanie z drugim człowiekiem ma przede wszystkim stworzyć sferę piękna i harmonii. Ale równocześnie ma pomóc drugiemu człowiekowi wzrastać w miłości. Na tym polega miłość. Pan Bóg chce, aby było nam dobrze. Po to stworzył świat, to myśmy narobili bałaganu. Pan Bóg chce, aby ten świat był piękny i aby między ludźmi panowała harmonia. Najpierw musi ona zapanować w każdym z nas, więc wracamy do pierwszego i drugiego spotkania. Bez spotkania twarzą w twarz z Chrystusem, bez współpracy, bez pozwolenia, by nas uporządkował, bez stanięcia w prawdzie, nie ma możliwości spotkania z drugim człowiekiem.

Aby On mógł działać, trzeba pójść do kościoła, skorzystać z sakramentów, czytać Pismo Święte, rozumieć naszą religię. Ogromna większość ludzi wierzących nie ma pojęcia o podstawach własnej wiary, nie potrafi odmówić *Ojcze nasz*, *Zdrowaś Mario*. Brakuje podstawowej wiedzy o Panu Bogu. Nie trzeba być teologiem, ale pewne rzeczy trzeba znać, bo przecież po to Pan Bóg dał nam rozum.

Wtedy można jako człowiek wolny pójść do drugiego człowieka. Bez obaw i bez lęku, który wywołuje agresję. Ludzie, którzy się boją, otaczają się murem, a następnie atakują innych. Mamy przykłady w życiu Kościoła, kiedy ludzie chodzący na Mszę świętą potrafią publicznie znieważać swoich braci w wierze. To jest skandal. Jeśli ktoś jest złodziejem, a został ochrzczony, należy powiedzieć mu to wprost, lecz mimo to go nie odrzucić.

Natomiast lęk przed innością, który jest fundamentem rasizmu i pogardy wobec drugiego człowieka, bierze się z tego, że zabrakło spotkania z Chrystusem, które wyzwala. Chrystus mówi: Poznajcie prawdę, a prawda was wyzwoli. Apostołowie, którzy dotykali Pana Jezusa, przekazali nam tę prawdę. Oni się nie bali. Nie bali się spotkania z pogańskimi filozofami na areopagu, do podobnych spotkań zachęcał papież Benedykt XVI. Jan XXIII ideą Soboru Watykańskiego obligował nas, żebyśmy wyszli do świata, spotkali się z nim bez lęku. Jednak jeśli nie będziemy zakorzenieni w spotkaniach z Chrystusem, to świat nas zmiażdży.

Wchłonie nas tak mocno, że nawet nie zauważymy, jak popłyniemy z nurtem tego świata.

Chrześcijaństwo to religia spotkania. Spotkać Chrystusa to ciągle go poszukiwać. Należy go szukać i spotykać bezustannie, w toku naszego życia, a im bardziej i mocniej świat nas przygniata, tym bardziej i częściej trzeba się z Nim spotykać. Jeśli dwoje ludzi się kocha, a przestaje się spotykać, miłość się rozsypuje. Częsty kontakt jest potwierdzeniem miłości.

Im głębiej będziemy tkwić w Chrystusie, tym bardziej nasze zwykłe, codzienne szare spotkania przy praniu, sprzątaniu, gotowaniu i w pracy będą spotkaniami prawdziwszymi. Chrystus nas przemieni i uzdolni do tego, abyśmy spotykali się z sobą i z innymi w sposób prawdziwy. Będą to dużo przyjemniejsze i piękniejsze spotkania.

Nie zapomnę, kiedy byłam u Małych Sióstr, które mieszkają w barakach, czasami jest tam dwieście sióstr, na spotkania zjeżdżają z całego świata. Codziennie wieczorem na rogu każdego baraku stoją siostry i co robią? Plotkują. Kiedyś przyjechał taki bardzo mądry i uczony biskup i mówi do założycielki zgromadzenia: Jak one tak mogą? Ona poprosiła, by pokazać jej choć jedną wioskę na świecie, w której ludzie nie stoją tak i nie plotkują. To jeden z elementów relacji. Oczywiście, wszystko zależy od tego, jak to się robi. Mnie jest ogromnie żal, że wsie są już puste, nie ma ławeczek przed domami, nie ma staruszków, którzy spędzają razem czas. Te zwykłe, szare relacje są niezwykle ważne. Obowiązują nas jednak pewne standardy, nie obmawiamy złośliwie, ale wymieniamy informacje o wspólnocie, zrzucamy ciężar swoich problemów. Jest to jakaś namiastka globalnej wioski, ale stoi za tym konkretny człowiek, ze swoim problemem lub radością.

Pojednanie

Stwarzając świat, Bóg stwarzał go w jedności ze sobą, to człowiek tę jedność zrywa, wybierając grzech. Na tym właśnie grzech polega: na braku miłości, czyli zerwaniu jedności z Bogiem i innymi ludźmi. Co więcej, te wybory człowieka mają wpływ na cały wszechświat. Coś nieprawdopodobnego, jak bardzo wiele od nas zależy. Apokalipsa mówi, że cały świat jęczy i płacze w bólach rodzenia, oczekując nowego przyjścia Chrystusa i przemiany (paruzji), która sprawi, że nastąpi powrót do pierwotnego zamiaru, z jakim stwarzany był świat. Powoli do tego zmierzamy. Każdy z nas. Przez chrzest zostaliśmy niejako zobowiązani do działania w tym kierunku.

Chrystus przyszedł, aby pojednać świat i cały wszechświat ze sobą.

Święty Jan Paweł II, pisząc w 1990 roku, w związku ze Światowym Dniem Pokoju, o ekologii, o tym, że jednym z zadań chrześcijanina jest troska nie tylko o człowieka, ale także o świat, podkreślał, że od nas, chrześcijan zależy właściwie los całego wszechświata:

Chrześcijanie wierzą, że przez śmierć i zmartwychwstanie Chrystusa dokonało się dzieło pojednania ludzkości z Ojcem, który zechciał, „aby przez Niego znów pojednać wszystko z sobą: przez Niego – i to, co na ziemi, i to, co w niebiosach, wprowadziwszy pokój przez krew Jego krzyża" (Kol 1,19-20). W ten sposób stworzenie, które niegdyś popadło w „niewolę" śmierci i zepsucia (por. Rz 8,21), zostało stworzone od nowa (por. Ap 21,5), otrzymało nowe życie, my zaś oczekujemy (…) „nowego nieba i nowej ziemi, w których będzie mieszkała sprawiedliwość" (2 P 3,13). Tak oto Ojciec „nam oznajmił tajemnicę swej woli według swego postanowienia, które przedtem w Nim [Jezusie Chrystusie] powziął dla dokonania pełni czasów, aby wszystko na nowo zjednoczyć w Chrystusie" (Ef 1,9-10).

Powołaniem każdego chrześcijanina jest wprowadzanie jedności tam, gdzie jest rozdarcie. Żeby taką jedność móc wprowadzać, należy cały czas, pracowicie taką jedność zaprowadzać w sobie. Niepokój, dysharmonia, bałagan, lęk przekraczający normalne poczucie zagrożenia, agresja, nienawiść, zabieranie cudzego dobra, krzywdzenie kogoś – wprowadzają niepokój, rozbijają, zamiast jednać. Myślę, że każdy z nas ma ogromnie wiele do zrobienia.

Nam, starszym, pojęcie „pokoju" skutecznie obrzydził komunizm, który dość specyficznie rozumiał walkę o pokój. Często uważamy, że inni są za niepokój odpowiedzialni – prezydent, polityk, ksiądz. Owszem, być może, ale z tego Pan Bóg nas nie będzie rozliczał. Jeśli chcemy, aby nasze życie było szczęśliwe, a o to chodzi Panu Bogu, musi ono być życiem, które będzie jednało, a nie rozbijało. Gdy się żyje we wspólnocie, to czasami odczuwa się wręcz fizycznie działalność kogoś, kto nie jedna, a rozbija. Każdy z nas ma w sobie coś, co rozbija, zamiast jednać, dlatego, że jedność to jest to, czego najbardziej nie lubi diabeł. Chrystus powiedział wyraźnie, po czym poznają, że jesteśmy jego uczniami: po tym, że będziemy w jedności.

Oczywiście, nie chodzi o zaprowadzanie pokoju za wszelką cenę, czyli za cenę prawdy. Nie chodzi też o to, żeby doprowadzić do tego, żeby wszyscy myśleli jedno. Chodzi o to, aby w sobie zaprowadzić tak głęboką jedność z Bogiem, że każdego spotkanego człowieka będę uważać za swojego brata. Ale przecież nie zawsze będzie to mój ukochany brat, którego z radością przytulę. To może być absolutny łajdak, którego przytulać nie należy.

Chodzi o to, że w każdym napotkanym człowieku, bez lęku rozpoznamy bliźniego. Posłużę się doskonałym tekstem bardzo znanego, nieżyjącego biskupa prawosławnego Antoniego Blooma, napisanym na pierwszy tydzień Wielkiego Postu, który w kościele prawosławnym jest tygodniem pojednania, przebaczenia:

> Oto teraz spoglądamy z ciemności w półmrok, z półmroku do jaśniejącej chwały niestworzonego Bożego

świata. W każdej podróży, kiedy dopiero co porzucimy dobrze znane miejsce, jesteśmy pełni dobrze znanych uczuć, wspomnień, wrażeń. Potem one stopniowo bledną, dopóki nie pozostanie w nas nic, oprócz dążenia do celu naszej drogi.

Oto dlaczego w pierwszym tygodniu Wielkiego Postu czytamy Pokutny Kanon św. Andrzeja z Krety. Ostatni raz zastanawiamy się nad sobą, ostatni raz strząsamy pył z naszych nóg, ostatni raz wspominamy nieprawdę minionych lat.

Oto dlaczego nie przystąpimy do triumfu prawosławia, kiedy wspominamy, że Bóg zwyciężył, że przyszedł i przyniósł na świat prawdę, przyniósł życie, abyśmy mieli je w obfitości, przyniósł i radość, i miłość. Ostatni raz zwracamy się ku sobie i ku innym, aby poprosić o przebaczenie i sami wybaczyć. Uwolnij mnie z więzów, które splecione są z moich niegodziwości i które mnie skuły, z więzów, które splecione są z moich grzesznych występków i z grzesznego niedbalstwa, z tego, co uczyniliśmy innym i czego nie uczyniliśmy, a co mogło sprawić tyle radości, tyle nadziei, i dowieść, że jesteśmy godni wiary Boga w nas.

Pokój i pojednanie nie oznaczają, że problemów już nie ma. Chrystus przyszedł na świat, aby pojednać nas ze sobą, a przez siebie z Bogiem. I my wiemy, jaką cenę musiał za to zapłacić.

Oddał nam Siebie bezbronnego, słabego, bezradnego, mówiąc: Róbcie ze Mną co chcecie i kiedy uczynicie ze Mną ostatnie zło – zobaczycie, że Moja miłość nie zachwiała się. Była i radością, i przeszywającym bólem, ale zawsze była to miłość...

To przykład, który możemy, który powinniśmy naśladować, jeśli chcemy być Chrystusowi.

Przebaczenie sobie nawzajem następuje w chwili, kiedy mówimy: Wiem, jaki jesteś słaby, jak głęboko mnie ranisz, i dlatego, że jestem ranny, dlatego, że jestem ofiarą – czasami winną, a czasami niewinną – mogę zwrócić się do Boga i z głębi bólu i cierpienia, wstydu, czasami i rozpaczy, mogę powiedzieć Panu: Panie, wybacz mu! On nie wie, co robi!

Gdyby tylko wiedział, jak ranią jego słowa, gdyby tylko wiedział, jak bardzo niszczy moje życie, nie robiłby tego. Ale on jest ślepy, nie dojrzał, jest słaby. I przyjmuję go, i poniosę, jak dobry pasterz niesie swoją owcę, gdyż my wszyscy jesteśmy zagubioną owcą Chrystusowego stada.

Poniosę go, jak Chrystus niósł krzyż – aż po śmierć, aż po miłość na krzyżu, kiedy dana jest nam cała władza, by przebaczyć, dlatego, że zgodziliśmy się wybaczyć wszystko, cokolwiek nam uczyniono.

To jednanie, pojednanie, oczywiście zaczyna się od pojednania z samym sobą i z drugim człowiekiem, stąd niezwykła waga sakramentu pojednania. Bardzo często nie potrafimy wybaczyć sobie, nie umiemy ruszyć do przodu, bo tkwimy w bólach i krzywdach – zawinionych, niezawinionych, we wstydzie, poranieni. To nas więzi. Nie umiemy przebaczyć ani sobie, ani innym. Chrystus zostawił nam narzędzie, miejsce spotkania, czyli sakrament pojednania, w którym można zacząć wszystko od nowa. Absolutnie tak, jakby tego, cośmy sami, albo ktoś nam zrobił, jakby tego nie było. To nie oznacza zaniku pamięci, to oznacza przewartościowanie krzywd i nieszczęść, których doznaliśmy, wybaczenie Panu Bogu, sobie i innym. Oznacza, że pamiętamy o tym i mówimy tymi słowami: ten, który mnie skrzywdził, jest słaby, może słabszy niż ja. Wobec tego, wybacz mu, Panie, i mnie daj siłę do wybaczenia, abym mógł pójść do przodu, nie będąc obciążony krzywdą, jakiej doznałem. To nie oznacza zapomnienia. Pojawia się zasadnicze pytanie, czy to oznacza konieczność skruchy tej drugiej strony, drugiej osoby? Moim zdaniem, nie.

Brak przebaczenia z naszej strony tak naprawdę obciąża nas. Tak jak nienawiść obciąża tego, który nienawidzi, a nie nienawidzonego. Dlatego nie pytajmy, co robi ten drugi człowiek. Jeśli my mu przebaczymy, to przebaczy mu Chrystus. Można wierzyć, że po latach nasza miłość wyrażona przez przebaczenie przyniesie owoce, których my nie będziemy znali.

Jedność, którą przyniósł na świat Chrystus poprzez przebaczenie do końca, poprzez miłość do końca, nie kończy się tu. Mówimy o świętych obcowaniu, o jedności z tymi, którzy odeszli. Szczególnie ci, których kochaliśmy i którzy nas kochali. Miłość jest wieczna. Życie nie kończy się tutaj. Praca nad tą jednością jest naprawdę mrówcza. Ran, grzechów, cierpienia, wojny, niesprawiedliwości nie da się wymazać z historii ludzkości i z naszego życia. Nie da się młodemu człowiekowi, który przeszedł przez piekło domu dziecka, zamienić jego doświadczenia na inne. Naszą rolą jest tam, gdzie się da, nie doprowadzać do rozdarcia i do braku jedności. Natomiast tam, gdzie się nie da, gdzie to rozdarcie już zaistniało z powodu naszej słabości, naszą rolą jest cerowanie, to znaczy takie życie i takie czyny, które sprawią, że po rozdarciu pozostanie tylko blizna. Całą resztę trzeba oddać Panu Bogu.

Praca nad jednością to podstawowe zadanie chrześcijanina, po to jesteśmy. Rozdarcia, które są w nas, trzeba naprawiać. Trzeba szukać Chrystusa, korzystać z sakramentu pojednania. Skoro już jesteśmy jedno z Chrystusem, Jego oczyma powinniśmy rozpoznawać, które rozdarcia mamy łatać. Jest ogromna pokusa, żeby uznać, że jacyś inni wszystko za nas załatwią. Nie należy jej ulegać, lecz trzeba rozpoznać znaki czasu, widzieć, gdzie nie ma jedności. Na przykład w Kościele – osobno są księża, osobno siostry zakonne, jest wzajemna nienawiść, jest pewne radio i inna telewizja, i niesamowita wrogość.

Praca nad jednością zaczyna się od tego, w jaki sposób napiszemy komentarz na blogu. Nie chodzi o to, aby pisać nieprawdę, wyzbyć się krytycyzmu. Zaprowadzanie jedności nie ma nic wspólnego z poprawnością polityczną. Są dwa niebezpieczeństwa: pierwsze to uznanie, że nie mamy nic do roboty i możemy się tylko pobożnie modlić, a drugie to przykrywanie prawdy obowiązkową poprawnością polityczną, kiedy powiedzenie prawdy grzecznie i z szacunkiem bywa traktowane jako agresja. To oczywista manipulacja. Trzecie niebezpieczeństwo to skłonność do tworzenia osobnych, zamkniętych kręgów. Widać ją już w przedszkolu, gdzie dzieci lepiej ubrane siedzą razem. Ten rozłam jest kontynuowany i powoduje rozdarcie, nie tylko między bogatymi i biednymi, tymi, którym się powiodło, i tymi, którym się nie powiodło, między sprawnymi i niepełnosprawnymi, ale również między kontynentami, między państwami.

Czy jesteśmy w stanie coś zrobić? Oczywiście, że tak. Możemy działać w swoim otoczeniu. Każdy, na każdym stanowisku – niech lekarka potraktuje tak samo biedną staruszkę, jak prezesa wielkiej spółki, niech nauczyciel potraktuje uczniów, zwłaszcza tych najsłabszych, jak tych, z którymi pracuje mu się najłatwiej. Niech urzędniczka potraktuje równo każdego – i tę nieporadną babcię też. To są drobne rzeczy, które urastają potem do wielkich rzeczy, tworzą jedność między ludźmi. Czasami sobie nieznanymi.

Znajomy opowiadał mi, że w czasie Euro w Warszawie spotkał na ulicy parę starszych, zagubionych Amerykanów. Pytali o drogę. Objaśnił ją im, zaczęła się serdeczna rozmowa. Zaprosili go na Florydę. Oczywiście on nie pojedzie, ale oto między obcymi ludźmi zawiązały się relacje. Tego nie należy lekceważyć. Nam się wydaje, że aby budować pokój, trzeba powołać jakąś wielką organizację, która ogniem i mieczem będzie o ten pokój walczyć. Nie. Droga jest absolutnie odwrotna i pokazał nam ją sam Chrystus.

Istnieje Wspólnota św. Idziego założona we Włoszech, działa także w Polsce. Jej powołaniem jest zaprowadzanie jedności. To ci zwykli, świeccy ludzie wynegocjowali pokój w Angoli po dwudziestoparoletniej wojnie. Obserwujemy ogromny rozwój Angoli, która na przykład przyjmuje do pracy wykształconych Portugalczyków.

Także powołaniem naszej Wspólnoty Chleb Życia jest zaprowadzanie jedności. Nie prowadzimy działalności charytatywnej. Szymon Hołownia, gdy to zrozumiał, zadzwonił do mnie wstrząśnięty o drugiej w nocy, ks. Adam Boniecki do dziś powtarza, że to niepojęte. Jako wspólnota chcemy być znakiem, chcemy spróbować powrócić do życia pierwszych chrześcijan, wypełnionego troską i walką o jedność – razem się modlono, zbierano się wspólnie, nawzajem zaradzano swoim potrzebom. Chcemy być odbiciem ludu bożego – stada, złożonego z chorych, chromych, starców, kobiet w ciąży, kapłanów, przywódców ludu, dzieci, młodzieży. To był lud i my takim ludem jesteśmy. Kościół ciągle ma tendencję do rozbijania tego ludu, dzielenia go na szufladki i schematy. Oczywiście nie chodzi o to, aby dominikanie mieszali się z franciszkanami, są przecież w Kościele różne powołania i charyzmaty. Chodzi o to, abyśmy mieli poczucie wspólnoty i ciągnęli sieć w tym samym kierunku. Abyśmy szanowali własną i cudzą różnorodność. Na tym przede wszystkim polega nasza troska o jedność. Ona się zaczyna w rodzinie. To nie jest proste, każde dziecko jest inne. Oczywiście, można zaprowadzać jedność żelazną ręką, ale to zewnętrzna jedność, jej pozór, nie o to chodzi. Rodzina, wspólnota, społeczne otoczenie są naszą drogą i szkołą jedności. Wspólnota rodzinna, wspólnota szkolna, wspólnota parafialna.

Dla Jezusa jedność to oczko w głowie, a brak jedności to Wieża Babel, skutek grzechu pierworodnego. Może nas pocieszyć św. Paweł, który miał jakiś grzech, skłonność, której nie mógł zwalczyć. Chrystus mu powiedział: Zostaw to w spokoju, w ogóle się o to nie troszcz. Najważniejsze, żebyś był jedno ze Mną.

Musimy sobie jednak zdawać sprawę, że pokój i pojednanie nie oznaczają, że problemów już nie ma. Natomiast my, bez względu na to, mamy zachować pokój i pojednanie z Bogiem i ludźmi. Człowiek powinien być jak drzewo – mieć korzenie w ziemi, a głowę w niebie. Pokój oznacza pokorę i wolność w Chrystusie. Wolność od ludzkich opinii, od żądzy władzy, od pożądań tego świata. Najpierw muszę się pogodzić ze sobą, aby móc wyruszyć. Wędrówka to znak człowieczeństwa, zostawiamy to, co wprowadza niepokój i rozbija nas wewnętrznie, po to, aby zacząć od nowa, zaprowadzić pokój.

Są ludzie, którzy wprowadzają pokój, młodsi i starsi. Jan Paweł II był taką osobą. Jedność osiąga się, kiedy człowiek staje się dojrzały – uporządkowany, taki człowiek zaprowadza pokój.

Przestrzeń, jaką tworzymy wokół siebie, jest wyrazem naszego ducha. Jeśli jesteśmy ludźmi pokoju, nasza przestrzeń nie musi być ozdobiona drogimi obrazami, ale jest pełna harmonii i wprowadza jedność. Ktoś, kto wejdzie w tę przestrzeń, nabierze siły i uzyska pokój. Jan Paweł II mawiał: porządkując siebie, porządkując nasze relacje z ludźmi, zaprowadzając jedność w przestrzeni zewnętrznej, zaprowadzamy jedność we wszechświecie. Jest nam po prostu lepiej.

Wspólnota

Aspekt Kościoła jako wspólnoty bardzo często nam umyka, bo łatwiej jest żyć w relacji pionowej z Panem Bogiem, w relacji ja – On. Jednak chrześcijaństwo jest może jedyną z wielkich religii świata, gdzie można spotkać Boga we wspólnocie. Święty Paweł mówi, że Kościół jest ciałem Chrystusa. Rzadko zdajemy sobie sprawę z konsekwencji tego – z jednej strony z dobra, a z drugiej z odpowiedzialności, jaką to niesie.

Są różne poziomy wspólnoty ludzkiej. Pierwszy, najważniejszy: więzi gatunkowe, które nas łączą z innymi ludźmi – solidarność gatunkowa, która wyraziła się na przykład pomocą dla Haiti po trzęsieniu ziemi, które nastąpiło tam w 2010 roku. Drugi poziom to więzi bliższe, rodzinne, biologiczne – z przodkami i krewnymi. Jedne i drugie są niezwykle głębokie, opierają się na naturze. Więzi te znajdują wypełnienie w Chrystusie. Wszyscy ochrzczeni są powiązani ze sobą tak, że każdy dobry czyn jest skarbem Kościoła, ale także każdy grzech to brak, który wnosimy do wspólnoty.

Czym różni się wspólnota chrześcijańska od innych wspólnot? To proste: gdyby nie Chrystus, nie spotkalibyśmy się w niej. Różni nas pochodzenie, zawód, a łączy Chrystus. Do wspólnoty chrześcijańskiej należą ludzie, z którymi nigdy byśmy nie zamienili słowa, bo jesteśmy zupełnie różni. Jednak Pan Bóg we wspólnotach łączy takich ludzi.

Wspólnota chrześcijańska opiera się na miłowaniu nieprzyjaciół. To wcale nie oznacza miłości do wroga, tylko do kogoś, kto nie jest moim przyjacielem. Łatwo nam rozmawiać z kimś podobnym do nas, kto ma takie same pasje, nawyki, profesję. Trudno natomiast z kimś zupełnie odmiennym, z człowiekiem niepełnosprawnym umysłowo albo z kimś, kto nie podziela moich poglądów. Wszyscy jesteśmy braćmi i siostrami w Adamie, jako ludzie, a my, ochrzczeni, jesteśmy jeszcze bliżej siebie – w Chrystusie.

Wizję tę przypomniał Sobór Watykański II, mówiąc o powszechnym powołaniu do świętości, o Kościele jako ludzie Bożym. Pojmowanie własnego życia jako więzi z Bogiem i ludźmi w Kościele trzeba w sobie stale pogłębiać.

My w Polsce w ogóle nie zdajemy sobie sprawy z ogromnej różnorodności Kościoła. Wydaje się nam, że ogranicza się on do Matki Boskiej Częstochowskiej i jeszcze paru innych Matek bardziej znanych oraz że nasz sposób przeżywania wiary jest jedyny i doskonały. Nie zdajemy sobie sprawy, jak bardzo różni od nas są nasi bracia w wierze, zarówno w Kościele katolickim, jak i w prawosławiu.

Ktoś mi napisał, że jego ta różnorodność nie interesuje. Ogromna szkoda! Ja się cieszę, że w Libanie moi bracia w Chrystusie, maronici, którzy przetrwali wieki prześladowań muzułmańskich, uciekając w góry, pozostali wierni papieżowi, czyli Kościołowi katolickiemu. Do dziś cierpią prześladowania. Jestem z nich dumna. To są moi bracia w Chrystusie. Podobnie jak męczennicy w czasie rewolucji francuskiej, którzy trwali do końca przy wierności Kościołowi katolickiemu. Nie mówiąc o wielu świętych, tych kanonizowanych i tych spośród nas.

Kiedy widzimy człowieka, który zatraca w sobie obraz Boga, który cierpi, bo jest chory, a także tego, który stacza się z powodu alkoholu albo grzechów, nie jest nam to obojętne. Nie może być obojętne. Słynna jest historia o św. Antonim, pierwszy znanym i największym z ojców pustyni, żyjącym w IV wieku. Kiedy chrześcijaństwo ogłoszono religią państwową, wówczas stało się to, co nieuniknione – chrzest mógł przyjąć każdy, więc jakość świadectwa i gorliwość wśród chrześcijan spadła. Ci, którzy radykalnie chcieli pójść za Chrystusem, uciekali na pustynię. Uczyli się tam drogi do Boga, żyjąc albo jako pustelnicy, albo w niewielkich wspólnotach. Święty Antoni żył na pustyni, modlił się niezwykle gorliwie, pościł, pracował (mnisi utrzymywali się z pracy własnych rąk, to, co nimi wykonali, sprzedawali na okolicznych targach). Był niezwykle dumny ze swego trybu życia i pobożności, głęboko przekonany, że jest najświętszy na świecie. Odwiedził go anioł i powiedział: Jesteś zero. – Ale jak to? Nie jem przed nastaniem wieczoru, śpię na kamieniu, modlę się non stop, pracuję... Anioł odpowiedział mu: Pewien szewczyk w Aleksandrii jest dużo lepszy od ciebie. Święty Antoni wybrał się więc w drogę, znalazł w mieście tego szewczyka i zapytał go: Co takiego robisz? Ten odpowiedział: Nic specjalnego, osiem godzin śpię, osiem godzin pracuję. W tym momencie św. Antoni w okienku piwnicy, gdzie znajdował się zakładzik szewski, zobaczył nogi przechodniów i zapytał szewczyka, co sądzi o tym przeklętym świecie zmierzającym do zatracenia? Na to mu odpowiedział: Ja się modlę codziennie, żebym prędzej ja poszedł do piekła, niż którykolwiek z nich poszedł na zatracenie. To było sedno jego świętości. My, chrześcijanie, biegniemy w tym wyścigu świętości.

Przede wszystkim: Kościół jest wspólnotą, która ma kształt narodu, jest ludem, plemieniem, a nie organizacją, w której zdobywa się kolejne stopnie, a ten, który ulegnie po drodze wypadkowi, wyrzucony jest poza nawias, bo już się nie nadaje. Kościół jest ludem, w którym silniejszy niesie słabszego, a na czele idzie Chrystus, niosąc na ramionach najsłabsze owce. Te, które są zdrowe i dobrze się mają, idą same. Wyraźnie jest powiedziane, że nie to jest ważne, kto pierwszy dobiega, bo chodzi o to, żeby dobiegli wszyscy razem. Musimy pociągnąć tych, którzy są słabsi, nie możemy sobie tego odpuścić.

Pragnienie zbawienia całego świata powinno być celem naszego życia. Im bliżej chrześcijanin jest Chrystusa, tym bardziej Go pragnie. Bóg przyszedł na świat po to, aby człowiek mógł stać się Bogiem. Być przeniknięty myślami i pragnieniami samego Boga. Wspólnota chrześcijańska to wspólnota, której członków nie dobieramy, ale jesteśmy za siebie nawzajem odpowiedzialni.

W Ewangelii jest napisane jasno: najpierw upomnij swego brata w cztery oczy, potem weź jeszcze jednego na świadka, potem donieś Kościołowi, a potem zostaw Panu Bogu, nie przestając się modlić. To jest współodpowiedzialność wspólnoty. Świętych obcowanie to nie tylko łączność z tymi, którzy odeszli, ale także łączność międzyludzka tu, na ziemi.

Nie jest wszystko jedno, jak się zachowuję, co mówię o kimś innym, bez względu na to, czy pracuję, czy prowadzę samochód, czy odpoczywam. Jeśli jednak jestem zmęczony, liczę na to, że ktoś inny we wspólnocie wypełni tę chwilową lukę. Także w naszej wspólnocie – czasem modlitwą, a czasem żartem – wspólnie się niesiemy. Na tym polega wspólnota chrześcijańska.

W moim osobistym poczuciu, liturgia trydencka, przedsoborowa, była ukierunkowana na oddawanie czci, na wielkość i tajemnicę Boga oraz relację uczestnik liturgii – Bóg. Natomiast zupełnie nie podkreślała relacji z ludem Bożym i relacji wewnętrznej ludu Bożego, czyli nas wszystkich, którzy tworzymy wokół Eucharystii ciało Chrystusowe, Kościół. Już nie mówiąc o języku… Dlaczego łacina ma być językiem sakralnym? Pan Jezus mówił po aramejsku. Łacina owszem, piękna, ale jest to język pewnej kultury. Naprawdę nie mogę pojąć, dlaczego w Afryce członkowie plemienia Tutsi albo Bantu mieliby odprawiać mszę po łacinie, kompletnie tego nie rozumiejąc. Tu właśnie sięgamy sedna tego, czym jest Eucharystia. Czy ona jest wyłącznie kultem niepojętego Boga, czy tak, jak pojmowali ją pierwsi chrześcijanie i sam Chrystus podczas ostatniej wieczerzy, jest ofiarą Chrystusa za każdego z nas, ale jednocześnie ucztą braterską, gdzie nie ma podziałów, gdzie wszyscy jesteśmy braćmi. Momentem przywrócenia jedności, którą tylko Bóg może nam dać.

Czasami mówimy: wystarczy mi moich ciężarów, po co mi jeszcze cudze? Wielu z nas wie, że kiedy przejdziemy z Bogiem przez własne trudności, otrzymamy pewien dar, którym powinniśmy się podzielić – jest nim nadzieja, którą mamy dawać innym ludziom. We wspólnocie nie może zabraknąć tego, który jest silniejszy od reszty, kto otrzymał od Pana Boga dar, charyzmat prowadzenia. Rodzic, biskup, ksiądz, nauczycielka – różne osoby, jeden dar, odpowiedzialność. Świadectwo, miłość i troska w stosunku do innych, do ludu, do naszej wspólnoty, rodzinnej, parafialnej.

Chodzi o to, by będąc odpowiedzialnym adekwatnie do swojego daru i miejsca, w którym się znaleźliśmy, działać aktywnie, aby było lepiej, piękniej, bardziej „po Chrystusowemu". Pan Bóg dał nam krzyżyk po to, aby potem zmienić go w zmartwychwstanie.

Wspólnota chrześcijańska to i rzodkiewka, która szybko dojrzewa, i jabłko, które pojawia się na jabłoni co drugi rok i na które trzeba długo czekać. To piękny motyl, ale bywa też, że komar. Nie wymagajmy od jabłka, by rosło tak szybko jak rzodkiewka. Róbmy wszystko, aby każdy dojrzał w swoim czasie.

Kościół jest ludem Bożym, nie jest jednak demokratyczny, tylko hierarchiczny. Są pasterze obarczeni ogromną odpowiedzialnością, dlatego jeśli upadają, należy im to powiedzieć, a nie kopać. A lud Boży – jedni drugich nieśmy. Jeśli mamy szczęście, że akurat w tym momencie życia jesteśmy silniejsi, nieśmy słabszych i ufajmy, że inni nas nie kopną, tylko podtrzymają, gdy my będziemy słabsi.

Do starego mnicha w klasztorze przychodzi młody brat i pyta: Co mam zrobić, gdy podczas wspólnej modlitwy obok mnie mój współbrat zasypia i chrapie? Na to ten mnich: Obok mnie też jeden zasypia i chrapie i ja go wtedy otulam płaszczem, żeby nie zmarzł.

Pod prąd

W naszej wierze uderza mnie, że chrześcijaństwo jest religią sprzeczności i paradoksu. Myślę, że ta właśnie cecha sprawia, że często sami nie rozumiemy tego, w co wierzymy i czego oczekuje od nas Chrystus.

Do kogo odnoszą się słowa: „Błogosławieni, którzy cierpią prześladowanie dla sprawiedliwości, albowiem do nich należy królestwo niebieskie"? Błogosławiony to cierpliwy.

„Błogosławieni ubodzy w duchu, albowiem do nich należy królestwo niebieskie"? Ten, który jest największy w Moim królestwie, musi być najmniejszym pośród was. Kto w takim razie jest największy? Artur? Ten, kto leży na ulicy? Ten, kto nic nie ma? Absurd.

Jest taka fantastyczna scena w Ewangelii, kiedy przychodzi do Pana Jezusa matka synów Zebedeusza i jak każda matka usiłuje im załatwić fuchę. Mówi do

Nauczyciela, że chciałaby, aby w królestwie niebieskim obaj zasiedli, jeden po lewej, drugi po Jego prawej stronie. Kto zasiada w takich miejscach? Najważniejsze osoby w państwie. Ta kobieta wyobrażała sobie, że Mesjasz, który działa cuda, który głosi królestwo, ogłasza siebie królem, jest kimś z pozycją. Pan Jezus jej odpowiada: czy ty w ogóle wiesz, o co prosisz? My też bywamy w takich sytuacjach. Pan Jezus mówi: owszem, będą zasiadać ze Mną, ale najpierw będą pić z tego kielicha, co Ja. Takich przykładów w Piśmie Świętym jest bardzo wiele. Pan Jezus włożył ogromnie dużo wysiłku w to, aby wszystkich apostołów uświadomić, co oznacza być u Niego VIP-em. Jezusowy VIP to ten, kto siedzi na ostatnim miejscu, ten, kto służy – a nie ten, kto chce, aby jemu służono. Ten, kto pracuje nad miłością i jednością – a nie ten, kto tego oczekuje. Ten, kto Jego ma naśladować, nie chcąc niczego w zamian oprócz obiecanego królestwa. Ale tkwi w tym paradoks, bo Pan Jezus mówi, że królestwo Boże w nas jest, ale mówi także, że nastąpi ono potem, w przyszłości. Obie wypowiedzi są prawdziwe.

Warunkiem osiągnięcia miłości, pokoju, szczęścia, jedności jest życie całkowicie oddane Bogu, życie w Bogu, w jedności i łączności z Nim. Jednocześnie Pan Jezus uprzedza nas, żebyśmy się nie starali o królestwo Boże na siłę. Ćwiczyliśmy już różne teologie. I sami w stosunku do siebie zbyt szybko chcemy zaprowadzić królestwo Boże, zamiast pozostawić to Panu Bogu.

Pan Jezus mówi wyraźnie, że ten świat zmierza do punktu, w którym On powtórnie przyjdzie i wtedy dopiero nie będzie bólu, cierpienia ani łez. Niektórzy gorliwi chrześcijanie bardzo chcieli przyspieszyć nastanie królestwa Bożego, także dzisiaj chcemy nawracać na siłę, wyrzucamy za nawias opornych, a Pan Jezus spokojnie czeka. Oczywiście, każdy nasz dobry gest, czyn, myśl, słowo przyspiesza przyjście Chrystusa i zmniejsza pulę zła na świecie.

Ten paradoks chrześcijaństwa, o którym mówię, jest niezwykle trudny do zrozumienia i do wprowadzenia w życie, bo wymaga od każdego z nas pójścia pod prąd i, można powiedzieć, wstecz. Tam gdzie ludzie walczą o władzę i karierę, On każe nam niekoniecznie rezygnować z kariery, ale wybierać środki i sposoby, które będą sprzeczne z tym światem. Tam, gdzie ludzie zdobywają bogactwo, majątek i władzę, On każe nam z tego rezygnować. Lecz oczywiście nie w tym sensie, żebyśmy przestali pracować i zarabiać pieniądze. Już pierwsi chrześcijanie wyczekiwali powtórnego przyjścia Chrystusa, bo im się wydawało, że to się stanie natychmiast. Święty Paweł ich przestrzegł, żeby nie czekali, aż manna spadnie z nieba, tylko żeby wzięli się do pracy.

Podam w związku z tym przykład bardzo charakterystyczny, dotyczący walki z ubóstwem, co samo w sobie jest niezwykle szczytne. Jakie są jednak jej metody? Kiedy przystępują do walki z ubóstwem duże agencje rządowe czy międzynarodowe, to przeważnie zyskują na tym bogaci. Fundusze z Unii Europejskiej, przeznaczone na rozwój, cele społeczne itd. docierają do tych, do których powinny, zaledwie w 20% swojej wartości, a podobno nawet mniej. Natomiast z reszty korzystają ci, którzy dobrze się mają. Jest to powszechny proceder. Chrześcijanin może w nim uczestniczyć albo nie. My akurat nie bierzemy pieniędzy unijnych, ponieważ przyjęcie takiej dotacji byłoby obwarowane koniecznością zrobienia konferencji w luksusowym hotelu, wydrukowania ulotek itd. To są pieniądze wyrzucone w błoto, które nie służą ludziom w potrzebie.

Chrześcijański wybór to bardzo często pójście pod prąd.

System społeczno-gospodarczy coraz bardziej spycha na margines ogromne rzesze ludzi. Belgia jest krystalicznym przykładem bardzo bogatego społeczeństwa, którego olbrzymia część żyje na marginesie. Nie chodzi o to, że ci ludzie nie mają pieniędzy, bo wszyscy oni mają minimum socjalne w wysokości kilkuset euro miesięcznie, niezależnie od tego, czy pracują, czy nie. Jednak ta kwota nie wystarcza im, aby uczestniczyli w życiu gospodarczym. Człowiek potrzebuje czegoś więcej niż przeżycie, potrzebuje uczestnictwa w życiu kulturalnym, gospodarczym, społecznym i religijnym. Ta część społeczeństwa, która nadąża, która ma się dobrze, zrozumiała jedną rzecz: podepczą was nogi biednych i stopy ubogich. W związku z tym, żeby uniknąć potępienia, zapewniła reszcie minimum, aby mieć święty spokój. Aby ci, którym się gorzej wiedzie, nie demolowali im luksusowych samochodów, domów itd. Pokolenia żyjące na zasiłkach tworzą ludzie, wśród których są choroby psychiczne, alkoholizm, bo to są ludzie już na starcie nikomu niepotrzebni. Obecnie zjawisko to dotyczy ogromnej liczby młodzieży w Europie. Stoi za tym egoizm warstw, które mają pieniądze, władzę i pracę. Dlatego jest coraz mniej miejsca dla tych, którzy sobie nie radzą. Chrześcijanin powinien zadać sobie pytanie, czy dopuszcza w swoim życiu zostawienie pewnej przestrzeni dla tych, którzy są słabsi. To wbrew tendencjom tego świata. Kiedy rzecz dotyczy ogromnej rzeszy ludzi niepełnosprawnych, to zauważmy, że niedługo nie będzie ludzi z zespołem Downa, bo ich się zabija w łonie matki.

Eliminacja najsłabszych to stare zjawisko. Chrześcijaństwo przyniosło zmianę stosunku do ludzi starszych, chorych, słabych. Lecz nie możemy spać spokojnie. Jest coraz mniej miejsca na świecie dla tych, którzy z różnych powodów słabiej sobie radzą lub przydarzyło im się nieszczęście.

Bardzo wielu młodych ludzi, którzy się angażują na przykład w wolontariat, nie wspominając o dziewczynach, które chcą wstąpić do zgromadzenia sióstr Matki Teresy z Kalkuty, słyszy od rodziców: chyba zgłupiałaś, nie będziesz tym starym dziadkom czy nienormalnym dzieciom tyłków szorować, to nie jest dla ciebie „kariera".

Chrystus zupełnie nam odwraca pojęcie kariery. Jak nasze umiejętności i zdolności wykorzystamy i komu one będą służyć? – to zasadnicze pytanie. Założyciel naszej wspólnoty Pascal Pingault wykorzystał swoje umiejętności w ten sposób, że ludzi przebywających w obozie dla trędowatych nauczył malowania na tkaninach, które potem są sprzedawane. Wiele osób pomaga nam bezinteresownie swoją wiedzą, za którą mogłyby wziąć pieniądze. Nie zapomnę, jak kiedyś w naszym schronisku dla chorych nagle usłyszałam głośne przekleństwa. Zdębiałam, lecz Agnieszka, która schronisko wtedy powadziła, uspokoiła mnie: To nasz lekarz dermatolog, on tak zawsze. Jak wchodzi po schodach, przeklina, aż sufit się trzęsie, ale potem przyjmuje do ostatniego chorego.

Czy zostawiamy w swoim życiu trochę miejsca dla tych, którzy w królestwie Bożym są rzeczywiście VIP-ami? Myślę, że wielu chrześcijan zdziwi się, kiedy któryś z bezdomnych wcześniej mieszkańców naszych placówek wyprzedzi ich i stanie pierwszy w kolejce.

Kariery w Kościele, to dopiero problem. O karierowiczostwie mówił jakiś czas temu papież Benedykt XVI, ponieważ ciągle nam się wydaje, że należy się nam trochę lepsze miejsce, skoro już się tak poświęcamy i w ogóle raczymy korzystać z Bożej dobroci i miłości. Rzadko zdarza się spotkać kapłana, który otrzymawszy malutką parafię w wiosce zabitej dechami, skakałby z radości. A przecież powinien! To są tereny misyjne, do których powinni iść najlepsi. A sytuacja jest odwrotna – kto pójdzie do zaniedbanej młodzieży? Traktuje się to jak zesłanie. Ewangelia mówi, że Jego królestwo idzie pod prąd tego świata. Gdzie jest prawdziwe chrześcijaństwo, tam napotyka się na opór.

Myślę, że nie wiemy, co znaczy ewangelizować, a do tego przecież zostaliśmy powołani. „Błogosławieni cisi, albowiem oni na własność posiądą ziemię". Ten, kto nie urąga, to w potocznym odbiorze głupek, on nie jest po naszej stronie. W 2010 roku odbyła się beatyfikacja ks. Jerzego Popiełuszki. Myślę, że bardzo mało wniosków wyciągnęliśmy z jego życia. Był człowiekiem, który nikomu nie urągał. Odważnie głosił, ale nigdy nie ubliżał tym, którzy myśleli inaczej. Walka o miłość, pokój i jedność nie może być toczona orężem i w zbroi, to stoi w sprzeczności z jej celem.

Każdy z nas ma tendencję do pójścia na skróty. Jednak niczego nie osiągniemy ostrą walką.

Chrystus zostawia nam nieprawdopodobną wolność. To my chcemy zniewalać siebie i innych. Wszelkie drogi na skróty to drogi przeciwne Ewangelii. Nie spodziewajmy się szybkich efektów. Tajemnica polega na tym, żeby odkryć, że przynosi nam szczęście i radość otwieranie się na słabszych, otwieranie się na miłość, budowanie jedności i pokoju, dobre, harmonijne relacje z innymi. Dzieje się tak dlatego, że wtedy w naszym sercu gości pokój, a nie lęk.

Chociaż, musimy sobie zdać sprawę, bycie dobrym wymaga odwagi, wytrwałości i heroizmu. Zbyt często pokazujemy chrześcijaństwo jako miękkie i „rozciapciane". Frajer musi się czasami zmienić w lwa. Codzienne życie chrześcijanina wymaga odwagi i jest to życie pod prąd. Na pewno na początku ktoś taki napotka na opór środowiska, potem zaczną dostrzegać, że jednak nie był idiotą.

Odwaga jest potrzebna także wtedy, kiedy firma, w której pracujemy, narusza zasady etyki, źle traktuje pracowników. Trzeba wtedy powiedzieć: nie.

Trzeba być niezwykle czujnym, bo nawet jeśli świat głosi z pozoru równość i tolerancję, to nie kieruje się wcale Ewangelią. Pójście za Chrystusem to wybranie kierunku odwrotnego, niż proponuje ten świat. Nie zawsze tak jest, ale często.

Pan Bóg zachęca nas do dzielenia się. We Francji są chrześcijanie, w tym katolicy, właściciele firm, przedsiębiorcy, którzy oddają 10% swoich dochodów na tak zwaną ekonomię społeczną, czyli na miejsca pracy dla tych, którzy nie nadążają za systemem. Wielu z nich przystępowało do tych zobowiązań z lękiem, a okazało się, że ich przedsiębiorstwa nie tylko nie upadły, ale przeżywają rozwój.

Nadzieja

Kościół jest miejscem nadziei. Życie na ziemi jest tylko wędrówką, mamy nadzieję na coś więcej niż to, co jest tutaj. Nadzieja, którą Chrystus nam przyniósł, jest kolejnym paradoksem chrześcijaństwa. Bo to nie jest nadzieja na wygodne życie tu na ziemi, dobre stanowisko, brak stresu, cierpienia – tego nam Pan Jezus nie obiecywał. Często mamy pretensje do Boga: a za co mnie to spotkało? Owszem, czasami spotyka nas cierpienie z powodu naszych złych wyborów.

Dziesięć przykazań Bożych nie ma nas uciemiężać. One są drogą nadziei na to, że nasze życie będzie przebiegać w harmonii z Bogiem. To nie są zakazy ani nakazy, tylko drogowskazy. Pan Bóg mówi: słuchaj, jeżeli będziesz tak postępował, możesz mieć nadzieję, że będziesz człowiekiem szczęśliwym bez względu na wszystko.

Podstawowe pytanie: a dlaczego mnie to spotkało? Gdy cierpienie nadchodzi nagle – gwałtowna choroba, utrata pracy, nieszczęście w rodzinie, porzucenie przez osobę najbliższą, a także wojny, głód, prześladowania.

Świat to w rozumieniu ewangelicznym św. Jana miejsce, które walczy z miłością Bożą, nie chce jej zaakceptować. My jesteśmy z tego świata, ale jakby nie z tego świata. Ten świat w przedziwny sposób próbuje w nas wzbudzić lęk i odebrać nam nadzieję. Może nam ją odebrać tylko wtedy, kiedy sami na to pozwolimy. Nasza cywilizacja jest cywilizacją lęku – nawet w kościele słyszymy złe wiadomości, podczas gdy Ewangelia to jest dobra nowina, którą przede wszystkim każdy musi żyć, a potem swoim życiem ją głosić (jeśli chce być blisko Boga).

Nawet w najgorszej i najtrudniejszej sytuacji człowiek, który jest blisko Boga, próbuje zobaczyć Jego rękę, która go otacza miłością, która go przytula i podsuwa rozwiązania i poczucie sensu tego, co nas spotyka. Bywa w naszym życiu, że widzimy dopiero po latach, że coś, co uznaliśmy za tragedię, dzięki pomocy Bożej obróciło się na dobre.

Żyć nadzieją to ciężka praca. Pomyślmy o Abrahamie, ojcu wszystkich wierzących – bo nadzieja głęboko związana jest z wiarą w miłość, w sens życia, w to, że Chrystus umarł i zmartwychwstał, czyli, że wszystko to, co nas tutaj spotyka, zostanie przemienione. Każda nasza miłość, każdy uśmiech mimo bólu, każdy gest kogoś, kto nam w tym bólu pomógł, zostanie przemieniony w inny świat, za którym każdy z nas tęskni. Tak naprawdę, nasze życie to wielka tęsknota za pełną miłością. Dlatego ludzie, nie mając cierpliwości szukać miłości pełnej, uciekają we wszystko, co tą miłością nie jest – szybki seks, pieniądze, władzę, dobra materialne.

Pomyślmy więc o Abrahamie i jego wierności wyboru. Abraham był ustawionym człowiekiem, miał stada, swoje miejsce na ziemi, kiedy usłyszał głos Pana Boga: Wyjdź ze swojej ziemi rodzinnej. Zostawić to wszystko? Zabrać cały majdan i wyruszyć, mając tylko obietnicę, że dostanie ziemię i że będzie ojcem wielu narodów? To było wariactwo, ale także właśnie przykład nadziei. Święty Paweł mówi: Uwierzył nadziei wbrew nadziei.

Nasze życie też tak wygląda – to nie przychodzi samo. Bardzo często tego oczekujemy i mamy pretensje do Pana Boga. Opowiadała mi kiedyś pewna siostra zakonna, że jej dom zakonny miał ogromne problemy finansowe. Poszła się pomodlić do kaplicy, ale ktoś jej przerwał. Ona wściekła, odwróciła się i chciała wyjść. W tym momencie ten człowiek zatrzymał ją, żeby porozmawiać. Okazało się, że był to ktoś bardzo zamożny, który chciał pomóc. Gdyby wyszła i ominęła go, nie byłoby to możliwe. Musimy zrobić jakiś krok. W sytuacjach beznadziejnych nasz krzyż musimy zamienić w zmartwychwstanie, a to wymaga pracy, wysiłku. Naszą rolą – do tego zostaliśmy powołani – jest głosić dobrą nowinę, ewangelię. Tam, gdzie rozpacz, nieść nadzieję, ale nie wyłącznie dobrym słowem. Nie wystarczy ją nieść tylko poprzez słowo, choć to najszybsze i bardzo potrzebne, trzeba przez modlitwę. Mamy budować nadzieję.

Siostra Emmanuelle przez bardzo wiele lat była nauczycielką we francuskim Zgromadzeniu Matki Bożej z Syjonu. Kiedy przeszła na emeryturę, pojechała do Kairu i zamieszkała w slumsach, w budce zlepionej z kartonów, razem ze szczurami. Mogłaby tak żyć do końca swych dni, ale wtedy ludziom dookoła nie dałaby nadziei. Po ponad dwudziestu latach jej pobytu tam, te slumsy zniknęły. Ludzie, którzy utrzymywali się ze zbierania śmieci na wysypiskach, zostali pracownikami wielkich przetwórni, powstały szkoły, ośrodki zdrowia. Ona to wszystko zainicjowała, przyniosła im nadzieję, nie mając nic. To był akt wiary i zaufania, który nie zaczyna się od tego, że siedzimy i planujemy.

Ktoś, kto ma plan, nie ma nadziei. Pan Bóg przewraca czasem nasze plany, żeby nas tej nadziei i miłości nauczyć.

Mamy wszystko zaplanowane, ciągle szukając poczucia pewności tu na ziemi, a tego nie będziemy mieć – i dobrze, bo życie jest przygodą. Nie zaznamy poczucia pewności w sensie materialnym. To nie oznacza, że nie należy dążyć do stabilizacji bytowej swojej rodziny, nie jest wcale godne pochwały, gdy doprowadzamy do sytuacji, że notorycznie nie mamy co do garnka włożyć.

To musi być wyważone – z jednej strony, naszym obowiązkiem jest zapewnienie bytu rodzinie, przemiana świata, wykształcenie dzieci. Natomiast musimy to robić z nadzieją, która jest umieszczona gdzieś indziej, czyli w Bogu, a nie w rzeczach. Celem jest zbawienie, a nie stabilizacja za murami i ochroną.

Ta nadzieja jest niezwykle trudna, ale Pan Bóg nas jej uczy. Im dłużej żyjemy, tym mamy większe doświadczenie, że przecież gorzej już było, a jednak się udało. Jednak w pewnym momencie życia człowiekowi nie chce się wyruszyć dalej. Podobnie jak może go dotknąć wypalenie zawodowe, tak może się komuś przytrafić wypalenie wiary.

W przypadku ojców pustyni mówi się o syndromie południa. Najpierw zakonnik przystępował z wielką ochotą do swoich zajęć, ale około południa przychodził pierwszy kryzys. Mnisi doskonale znali te objawy zniechęcenia, które się nazywa acedia, charakterystycznego również dla życia duchowego, małżeńskiego, tak dla pracy, jak dla miłości.

Po pięciu, dziesięciu latach zaczyna nam się mocno nie chcieć i próbujemy się okopać. Wkładamy kapcie, brudny szlafrok i już nie walczymy o miłość, nie wędrujemy do przodu. W pracy też nam się nie chce, ani szukać nowych sposobów na życie. Są to momenty, w których po pierwsze: trzeba zacisnąć zęby i wytrwać, a po drugie: posiłkując się doświadczeniem, jakiego nabraliśmy, siłą i mądrością, porządnie coś zbudować.

Głoszenie nadziei jest naszym podstawowym obowiązkiem misyjnym. Kiedy w mediach, także katolickich, słychać, że zaraz wszystko się rozpadnie, zmierzamy ku katastrofie, to myślę, że to działanie złego, bo odbiera ludziom chęć. Skłania raczej do gromadzenia zapasów na przetrwanie, niż do budowania czegoś nowego.

Nasi przodkowie potrafili w czasie okupacji zachować nadzieję, budowali struktury państwa i szkolnictwa. Będąc w tragicznej i koszmarnej sytuacji, ufali, że Polska kiedyś powstanie, będzie wolnym krajem. Mamy w historii Polski przykłady takiej nadziei. Mamy również przykłady szaleństwa, bo sama nadzieja nie jest szaleństwem, chociaż może czasem tak wygląda. Kiedy św. Maksymilian Kolbe oddawał życie za współbrata, było to szaleństwo w sytuacji, kiedy każdy walczył, żeby życie zachować. Zrobił to, ponieważ miał nadzieję, że życie tutaj się nie kończy. Takie są świadectwa naszych braci, ich życie może przypominać nam o nadziei wówczas, gdy sami ją tracimy. Wtedy warto sobie przypomnieć historię swojego życia, wszystkie ciemne tunele, przez które udało nam się przejść. Pan Bóg w ten sposób wychowywał swój naród do nadziei – przepuścił go przez legię cudzoziemską. Po co? Po to, by swój ukochany naród nauczyć pokładania nadziei w Nim. Ale też się chłopakom znudziło, kiedy Mojżesz poszedł na Synaj odbierać Dekalog. Stworzyli sobie ołtarze i swoich bożków.

Oczywiście, istnieje ten ludzki element niepewności, który Pan Bóg próbuje zamienić nam w pewność właśnie poprzez naukę. Kiedy stoimy na skraju przepaści, okazuje się, że znajduje się wyjście, opieka Boża działa.

Nadzieja jest także związana z pewnym elementem, którego bardzo nie lubimy. Mianowicie z niemożnością bezpośredniego widzenia owoców naszych wysiłków i pracy. Jesteśmy niecierpliwi, a nadzieja wiąże się z cierpliwością. Jeśli odwrócimy sytuację, to możemy podziwiać Pana Boga, że ciągle w nas pokłada nadzieję, mimo tego, że błądzimy. Gdyby Pan Bóg tej nadziei nie miał, nie oddałby swojego Syna. Logika miłości jest zupełnie inna niż logika tego świata – inwestujemy z nadzieją, ale nie musimy widzieć owoców swojej pracy. Tomasz Merton, trapista, pisarz amerykański, w książce zatytułowanej *Siedmiopiętrowa góra* opisał historię swojego nawrócenia. Zamknięty w klasztorze, nie mając żadnego kontaktu z ludźmi, pisał, że być może jego życie tutaj, w którym poszukuje Boga, przyniesie owoce, których on widzieć nie będzie. Tak rzeczywiście jest – jego książki, czytane nadal, pomogły nawrócić się wielu osobom.

Nie o to chodzi, żeby nie kontrolować efektów swojej pracy, lecz nie spodziewajmy się rezultatów tu i teraz. Pan Bóg szanuje drogę każdego z nas i cierpliwie czeka.

Nadzieja to coś niezwykle konkretnego, powinniśmy ją wprowadzać w życie i przywracać ludziom.

Staramy się to robić w naszej Wspólnocie Chleb Życia, stwarzając miejsca, gdzie ludzie mogą żyć jak ludzie, mając dostęp do edukacji, możliwość pracy, możliwość wyjazdów dla dzieci, aby zobaczyły inny świat, rozbudzić w ten sposób także ich aspiracje do walki o lepsze, godne życie. To otwiera także możliwości pełniejszego życia duchowego. Ludzie, którzy nie mają butów, biorą na kreskę w sklepie, rzadko kiedy mają na tyle poczucia godności, nadziei i przekonania o własnej wartości, żeby wiedzieć, że ich problemy materialne nie są najważniejsze i żeby pójść normalnie do kościoła. Na ogół nie pójdą, bo właśnie tej nadziei nie mają.

Dawać ludziom nadzieję to przypominać im, że dobra nowina, którą głosił Chrystus, to dobra nowina głoszona ubogim: Bóg posłał mnie, abym głosił dobrą nowinę ubogim.

To przede wszystkim dobra nowina dla nas samych oraz przekonanie, że to, co świat uważa za wyznacznik wartości człowieka, jest niczym w oczach Bożych i że tak naprawdę nasza godność jest niezniszczalna, bo każdy z nas jest dzieckiem Boga, za którego umarł i zmartwychwstał Chrystus.

Efekty głoszenia tej dobrej nowiny mogą być bardzo różne – w zależności od tego, kto w jakim miejscu się znajduje.

Nadzieja, podobnie jak miłość, nie jest czymś, co się ma, lecz tym, co się tworzy. To niezwykle budujące, kiedy stajemy nad przepaścią, a tu nagle pojawia się jakaś droga ratunku. Kiedy smutne i brudne dziecko staje się czyste i uśmiechnięte – to są te efekty dające energię do działania. Pan Bóg nie jest złym wychowawcą, daje nam takie momenty w życiu, w których dostrzec możemy konkretne rezultaty naszej nadziei, po to, żeby nam sprawić przyjemność, dać kopa do następnego kroku: zaufania.

Całe nasze życie powinno być zachwytem nad tym, że nasza nadzieja położona w Bogu nigdy nas nie zawiodła, choć być może poprowadziła nas ścieżkami zupełnie innymi, niż sobie to wyobrażaliśmy.

Dobro

Czym jest dobro, kto jest dobry? W opinii ludzkiej człowiek dobry to taki naiwny głuptasek. Tymczasem dobro wymaga wielkiej mądrości. Pan Jezus pytał w Ewangelii: „Czemu nazywasz Mnie dobrym?". Bóg jest nieskończoną dobrocią, ale co tak naprawdę znaczy być dobrym? Bardzo często, czyniąc dobro, można wyrządzić komuś krzywdę. Dobro to czynienie wszystkiego, aby drugi człowiek był szczęśliwy. A drugi człowiek będzie szczęśliwy, kiedy będzie wolny, dojrzały, mądry, kiedy będzie żył z Bogiem. Oczywiście nikogo nie można zmusić do bycia blisko Boga, ale można rozbudzić w drugim człowieku pragnienie miłości, szczęścia, które w ten czy inny sposób będzie realizował i wprowadzi w czyn. Na tym polega wychowanie dzieci. Bo przecież wcale nie na tym, że damy im wszystko, ułatwimy im wszystko, przygotujemy gładkie drogi życia – tylko na tym, że pozwolimy im wzrastać w tym, kim są, a są dziećmi Bożymi. Pomożemy im odkryć ich własną godność i talenty, zapewnimy im w miarę możliwości dostęp do nauki, wypoczynku, poznania świata, ale także nauczymy dokonywania wyborów.

Czynić dobro to nie znaczy rozdawać byle komu, byle jak. Czynić dobro to budować ten świat z Bogiem. Można to robić na rozmaite sposoby każdego dnia – od uśmiechu na ulicy, po dobre słowo, po podzielenie się, sprawienie komuś prezentu, stworzenie wokół siebie takiej atmosfery, aby wszyscy czuli się dobrze. Czynienie dobra czasami wymaga heroizmu, bo często trzeba pójść pod prąd. „Po co siostra się tak przejmuje? Przecież to upośledzony" – słowa lekarza w Instytucie Matki i Dziecka w Warszawie.

Czynienie dobra wymaga wielkiej mądrości. Czasami trzeba powiedzieć: dosyć, nie. Dzisiaj rozmawiałam z kimś o pewnym miejscu, gdzie przebywają ludzie bezdomni. Ci ludzie nic nie robią, nikt ich nie mobilizuje do tego, żeby zadbali o miejsce, w którym przebywają, o swój byt. Oczywiście, na początku trzeba człowiekowi dać jeść, trzeba pomóc mu w leczeniu, jeśli jest chory, trzeba go ubrać, żeby poczuł się godnie. Ale potem czynić dobro to „kopniakami" zmusić go do tego, aby był tym, kim Pan Bóg chce, aby był. To jest trudna praca, której owoców nie zobaczymy natychmiast.

Nie zapomnę kobiety, którą do naszej noclegowni przywiozła straż miejska. Była w strasznym stanie, brudna, śmierdząca, z opuchniętymi nogami. Doprowadziliśmy ją do formy, ale ona znów wracała do poprzedniego stanu. Powtarzało się to kilka razy, wydawało się, że sytuacja jest beznadziejna. Po kilku latach otrzymałam list, w którym napisała, że jest w ośrodku innej organizacji, że ma się bardzo dobrze, przeszła terapię i właśnie zaczyna nowe życie. To był owoc także naszej pracy, zbudowaliśmy bazę, ale nie trafiliśmy jeszcze na jej czas.

Niedawno dzwoniła do mnie starsza, zrozpaczona pani, która przyjęła bezdomną osobę. Po studiach, z wyższymi aspiracjami, ale bezrobotną, bo żadna praca jej nie odpowiada, schronisko dla bezdomnych także jest poniżej jej godności. Poradziłam starszej pani, aby otworzyła drzwi i ją wyrzuciła. To będzie najlepszy uczynek, jaki zrobi w życiu, bo w momencie, kiedy ta osoba znajdzie się na ulicy, zacznie myśleć. W tym wypadku dobroć wspierała ją w tym, co złe. Czasami trzeba ryknąć: dosyć, weź się za siebie. Masz możliwości, ruszaj do przodu. Dobroć musi być dobra. Ofiarami głupiej, cynicznej „dobroci" są wszyscy ci, którzy w wieku czterdziestu lat mają dwie lewe ręce, nie chcą pracować, są rozbici i niczego w życiu nie zbudowali. Jeśli człowiek nie próbował budować, jest na poziomie małego dziecka i życie traci dla niego sens. Jesteśmy stworzeni po to, aby nasze życie przynosiło owoce.

Życie Artura, wbrew pozorom, przynosi owoce, i to ogromne, mimo że nie ma on wielkich możliwości. Od Artura się wymaga i oczekuje pewnych zachowań wtedy, kiedy jest bardziej świadomy i próbuje uczestniczyć w życiu. Bywają dni, kiedy rozkłada talerze, troszczy się o mnie, gromadzi książki, które mi daje, kiedy kładę się spać, robi herbatę. Jego życie nie jest bezowocne.

Każdy ma swoje, bardzo wielkie powołanie. Pomoc w odkryciu powołania drugiemu człowiekowi to najwyższe dobro, jakie możemy wyświadczyć.

Nasza szwalnia nie szyje ścierek, ponieważ chcieliśmy, żeby kobiety oprócz tego, że mają pracę, robiły też coś pięknego. To też wzmacnia godność człowieka, choć każda praca ma swoją ogromną wartość.

Strzeżmy się głupiej dobroci.

Czasami dobroć wymaga zgody na to, że możemy zostać ośmieszeni, a nawet „wyrolowani". Czasami człowiek, któremu pomagamy, nadużywa naszej pomocy. Jest takie ryzyko. Ale Pan Bóg widzi, co chcemy zrobić. Można tylko ufać, że ten człowiek, który zetknął się z naszym dobrem, w godzinie śmierci je wspomni.

Nie zapomnę opowieści Piotra, członka wspólnoty, który zajmuje się chorymi ludźmi. Kiedyś karmił staruszka, którego przywieziono do schroniska. Staruszek zjadł, po czym Piotr zapytał: Może jeszcze zupki?

Staruszek się rozpłakał, a Piotr zdębiał. Staruszek powiedział: Byłem w wielu szpitalach, w wielu schroniskach, ale nikt mnie jeszcze nie zapytał „może jeszcze zupki"? Talerz zupy należy się standardowo i to nie jest żadna dobroć, ale coś ponad to jest ludzkim gestem dobroci. W codziennym życiu brakuje nam właśnie zwykłej dobroci. Nasze gesty są wyrachowane, nasze rozmowy są rozmowami biznesowymi, utrzymujemy relacje z tymi, z którymi nam się to opłaca. Natomiast dobroć jest bezinteresownym gestem, wymagającym mądrości. Bezinteresownym poświęceniem czasu staruszkowi. Dobroć to w pewnym sensie poezja. Poetą samym w sobie był św. Franciszek z Asyżu. Poeci lubią pisać o miłości – a czym jest życie chrześcijanina? Jest przecież życiem w miłości. Wobec tego jest realizacją poezji w praktyce. Brakuje nam zwykłych, ludzkich, serdecznych gestów dobroci, brakuje nam odrobiny szaleństwa bez wyrachowania. Brakuje nam tego zapytania: czy może jeszcze zupki?

Młoda dziewczyna opowiadała mi w Częstochowie po spotkaniu maturzystów, że kilka dni wcześniej na pasach widziała młodą niepełnosprawną dziewczynę. Wstydziła się do niej podejść. Wstydziła się ludzi, obciachu, że jest dobra. Stale staram się powtarzać młodzieży: być dobrym to nie jest żaden obciach. Dobry mężczyzna to dopiero jest prawdziwy macho! Jeśli chcesz być macho, nie pal i nie pij, lecz troszcz się o innych, bądź dobry i szlachetny. Od kobiety z kolei oczekuje się, by była uosobieniem delikatności, dobroci, ciepła. To wymaga ogromnej pracy. Dobroci tak ogromnie nam brakuje! A ona pochodzi od Boga.

Czasami zastępujemy dobroć gestami, które mogą zaszkodzić – zamiast więcej czasu spędzonego z dzieckiem, kolejny komputer.

Dobroć najczęściej jest bezpłatna albo kosztuje niewiele, ale ceną za nią są wyrzeczenia. Ludzie wpłacający pieniądze na fundusz stypendialny naszej wspólnoty to w większości emeryci, którzy mają niewiele.

Dobroć to danie drugiemu człowiekowi tego, co sam chciałbym dostać. Nie jest nią obrzucanie biedaka rzeczami, które dla nas mają wartość śmieci. Jeśli jestem zmęczony i zdołowany, to powinienem dać drugiemu dobre słowo, czyli to, czego sam potrzebuję. Prosta zasada.

Sakramentalne pytanie, które pada na wszystkich moich konferencjach, brzmi: dawać pieniądze czy nie dawać? Otóż wszystko zależy od naszych możliwości, predyspozycji psychicznych, tudzież naszego natchnienia. Nie można dawać wszystkim, bo sami pójdziemy z torbami. Czasami trzeba zaryzykować i podzielić się nawet wtedy, kiedy nam może zabraknąć – i nie martwcie się, Pan Bóg zrobi tak, że wam nie braknie.

Osobiście bardzo często daję pieniądze, ale staram się też porozmawiać z tą osobą. Oczywiście różni ludzie żebrzą – jedni na alkohol, inni sobie w ten sposób dorabiają, a jeszcze inni są do tego zmuszani. W każdym przypadku za tą sytuacją stoi człowiek.

Dzieci żebrzące na ulicy w Łodzi opowiadały mi, że myją auta – to jest forma pracy. Mnie samej zdarzyło się, że kiedyś w Rzymie miałam problem z zakupem biletu na dworcu. Była tam Cyganka, która tłumaczyła zagubionym turystom, jak uruchomić automat. Dostawała za to od nich pieniądze. Nie lekceważmy takich ludzi, bo oni próbują godnie zapracować na swój chleb.

**KUPUJĄC TĘ KSIĄŻKĘ, WSPIERASZ FUNDACJĘ
DOMY WSPÓLNOTY CHLEB ŻYCIA**

Część dochodów ze sprzedaży książki zostanie
bezpośrednio przekazana na działalność Fundacji.

Można nam również pomagać, przekazując na rzecz
Fundacji 1% podatku (KRS 0000132424)
lub darowiznę na wybrany cel:

1. pomoc bezdomnym:
prowadzimy dla nich 7 domów, organizujemy
budowę i remonty domów dla żyjących w nędzy,
wspieramy ubogie rodziny

KATOLICKA WSPÓLNOTA CHLEB ŻYCIA
02-220 Warszawa
Łopuszańska 17
konto: **73 8004 0002 2001 0000 1270 0001**

2. pomoc bezrobotnym:
warsztaty pracy, edukacja dzieci i młodzieży
(przedszkole, świetlica, stypendia), integracja
niepełnosprawnych na wsi

FUNDACJA DOMY WSPÓLNOTY CHLEB ŻYCIA
27-530 Ożarów
Jankowice 38
konto: **14 1240 2773 11110010 1234 0775**

więcej: **www.chlebzycia.org**

zupa|na|plantach

Inicjatywa Zupa na Plantach powstała z bezinteresownej chęci pomocy drugiemu człowiekowi. Spotykamy się na krakowskich Plantach z osobami w kryzysie bezdomności, jedząc razem zupę, która nie jest pakietem socjalnym, lecz przestrzenią wspólnoty i solidarności w podzielonym i nierównym społecznie świecie.

Zapraszamy do wspólnego zjedzenia z nami Zupy na Plantach!

zupanaplantach.pl